A arte de meditar

Matthieu Ricard

A arte de meditar

um guia prático para os primeiros passos na meditação

1ª reimpressão, 2010

EDITORA GLOBO

Texto fixado conforme as regras do novo Acordo Ortográfico da Língua Portuguesa
(Decreto Legislativo nº 54, de 1995)

Título original: *L'arte de la Méditation*

Tradução: Walquíria Corrêa de Araújo Cardoso Vale
Preparação de texto: Clim Editorial
Revisão: Valquíria Della Pozza / Célia Regina Arruda
Capa: Marianne Lépine
Foto de capa: Ypps/Mauritius/Latinstock
Foto de orelha: Neema Frederic/Gamma/Other Images Press

1ª edição
1ª reimpressão, 2010

Dados Internacionais de Catalogação na Publicação (CIP)
(Câmara Brasileira do Livro, SP, Brasil)

Ricard, Matthieu
A arte de meditar : Um guia prático para os primeiros passos na meditação / Matthieu Ricard ; [traduzido por Walquíria Corrêa de Araújo Cardoso Vale]. -- São Paulo : Globo, 2009.

Título original: L'art de la méditation : pourquoi méditer?, suor quoi?, comment?
Bibliografia.
ISBN 978-85-250-4767-0

1. Budismo - Doutrinas 2. Meditação - Budismo 3. Meditação - Métodos.

09-09477 CDD-294.34435

Índice para catálogo sistemático:
1. Meditação : Budismo 294.34435

Direitos de edição em língua portuguesa
adquiridos por Editora Globo S.A
Av. Jaguaré, 1485 – 05346-902 – São Paulo, SP
www.globolivros.com.br

SUMÁRIO

PREFÁCIO

Devemos ser a mudança que
desejamos ver no mundo.
Gandhi

Por que fazer este tratado de meditação? Há quarenta anos, tive a sorte de viver ao lado de alguns mestres espirituais que inspiraram minha vida e iluminaram meu caminho. Suas preciosas instruções guiaram meus esforços. Não sou um professor e sempre serei um discípulo. Mas, frequentemente, encontro em minhas viagens pelo mundo pessoas que me falam de seu desejo de aprender a meditar. Tento, na medida do possível, encaminhá-las a mestres qualificados. Nem sempre é possível fazê-lo. Então, para todos aqueles que desejam sinceramente exercitar-se na meditação, reuni estas instruções que busquei nas fontes mais autênticas do budismo. Transformar-se interiormente, treinando a mente, é a mais apaixonante das aventuras. É o verdadeiro sentido da meditação.

Os exercícios que se encontram neste livro são oriundos de uma tradição duas vezes milenar. Esses exercícios são independentes uns dos outros e podem ser praticados de maneira gradual, tanto se dedicarmos à meditação somente trinta minutos por dia quanto se o fizermos mais intensamente no silêncio de um retiro.

Quanto a mim, tive a imensa sorte de encontrar meu mestre espiritual, Kanguiour Rinpotché, em 1967, perto de Darjeeling, na Índia, e de passar, após sua morte, em 1975, alguns anos em retiro num ermitério de madeira sobre estacas na floresta que domina seu monastério. Tive o privilégio, a partir de 1981, de viver treze anos junto de outro grande mestre tibetano, Dilgo Khyentsé Rinpotché, e de receber seus ensinamentos. Depois que ele se foi deste mundo, recolhi-me várias vezes num pequeno ermitério nas montanhas do Nepal, a algumas horas de Katmandu, num centro de retiro fundado pelo monastério de Sechen, onde resido habitualmente. Esses períodos estão, sem sombra de dúvida, entre os mais férteis de minha existência.

Há dez anos, aproximadamente, participo de vários programas de pesquisas científicas que colocam em evidência os efeitos da meditação praticada durante longos períodos. Verifica-se que é possível desenvolver de forma considerável qualidades como a atenção, o equilíbrio emocional, o altruísmo e a paz interior. Outros estudos também demonstraram os benefícios que se tem com vinte minutos de meditação praticada durante seis a oito semanas: diminuição da ansiedade e da vulnerabilidade à dor, da tendência à depressão e à raiva, melhoria da atenção, do sistema imunológico e do bem-estar em geral. Qualquer que seja o ângulo sob o qual se considere a meditação – transformação pessoal, desenvolvimento do amor altruísta ou saúde mental –, ela aparece como um fator essencial para levar uma vida equilibrada e rica de sentido.

Seria uma pena subestimar a capacidade de transformação de nossa mente. Todos dispomos do potencial necessário para nos libertar dos estados mentais que mantêm nossos sofrimentos e os dos outros, para encontrar a paz interior e promover o bem de todos os seres.

I

POR QUE MEDITAR?

Examinemos sinceramente nossa existência. Como está nossa vida? Quais foram até agora nossas prioridades e o que queremos para o tempo de vida que nos resta?

Somos um misto de sombras e luzes, de qualidades e defeitos. Seria essa uma maneira de ser ideal, um fato inevitável? Se assim não for, o que fazer? Essas perguntas merecem ser feitas, sobretudo, se sentimos que uma mudança é possível e desejável.

Contudo, no Ocidente, devido às atividades que consomem, da manhã à noite, uma parte considerável de nossa energia, temos menos tempo para nos debruçar sobre as causas fundamentais da felicidade. Imaginamos que, mais ou menos conscientemente, quanto mais multiplicamos nossas atividades, mais as sensações se intensificam e mais nossa insatisfação é estancada. Na realidade, muitos são aqueles que, ao contrário, se sentem decepcionados e frustrados com o modo de vida contemporâneo. Sentem-se desarmados, mas não veem outra solução porque as tradições que preconizam a própria transformação estão fora de moda. As técnicas de meditação visam a transformar a mente. Não é necessário atribuir-lhes um rótulo religioso particular. Cada um de nós tem uma mente, cada um pode trabalhar com ela.

Devemos mudar?

Poucos são os que afirmam não valer a pena melhorar seu modo de vida e sua vivência do mundo. Alguns pensam que seus defeitos e suas emoções conflituosas contribuem para a riqueza da vida e que é essa alquimia singular que faz deles o que são, pessoas únicas; que devem aprender a se aceitar assim, a amar tanto seus defeitos como suas qualidades. Eles correm o risco de viver com uma insatisfação crônica, sem perceber que poderiam melhorar com um pouco de esforço e de reflexão. Imaginemos que nos proponham passar um dia inteiro vivenciando o ciúme.

Qual de nós aceitaria fazê-lo com prazer? De outra forma, se nos convidassem a passar esse mesmo dia com o coração cheio de amor pelos outros, acharíamos essa opção infinitamente melhor.

Nossa mente é frequentemente perturbada. Somos afetados por pensamentos dolorosos, dominados pela raiva, feridos pelas palavras duras dos outros. Nesses momentos, quem não desejaria controlar suas emoções para ser livre e mestre de si mesmo? Nós nos privaríamos, de bom grado, desses tormentos, mas, não sabendo como agir, preferimos pensar que, afinal de contas, "a natureza humana é assim mesmo". Ora, o que é natural não é necessariamente desejável. Sabemos, por exemplo, que a doença é o destino de todos os seres, mas isso não nos impede de consultar um médico quando estamos doentes.

Não queremos sofrer. Ninguém acorda de manhã pensando: "Tomara que eu sofra o dia inteiro e, se possível, toda a vida!". Em tudo que fazemos, seja iniciar uma tarefa importante, realizar um trabalho habitual, empenharmo-nos numa relação duradoura, seja simplesmente passear na floresta, beber uma xícara de chá, ter um encontro fortuito, esperamos sempre tirar disso alguma coisa benéfica para nós mesmos e para os outros. Se tivéssemos a certeza de que nossos gestos só trariam sofrimento, não agiríamos.

Temos, sim, momentos de paz interior, de amor e lucidez, mas, na maior parte do tempo, são apenas sentimentos efêmeros que logo dão lugar a outro estado de espírito. Entretanto, compreendemos facilmente que, se treinássemos nossa mente para cultivar esses momentos privilegiados, transformaríamos radicalmente nossa vida. Todos sabemos que seria desejável que nos tornássemos seres humanos melhores e nos transformássemos por dentro, tentando consolar o sofrimento alheio e contribuir para o bem-estar do outro.

Certas pessoas pensam que a existência não tem sabor sem os conflitos interiores. Conhecemos todos os tormentos da raiva, da avidez ou do ciúme. Da mesma forma, todos nós apreciamos a bondade, o contentamento, a alegria de ver os outros felizes. Parece que o sentimento de harmonia associado ao amor ao próximo possui uma qualidade própria que se basta. O mesmo acontece com a generosidade, com a paciência e com muitas outras qualidades.

Se aprendêssemos a cultivar o amor altruísta e a paz interior, e, paralelamente, nosso egoísmo e seu cortejo de frustrações se atenuassem, nossa existência não perderia nada de sua riqueza, ao contrário.

É possível mudar?

A verdadeira questão não é então se "Queremos mudar?", mas "É possível mudar?". Podemos, com efeito, imaginar que as emoções perturbadoras estão tão intimamente associadas à mente que seria impossível livrarmo-nos delas, a menos que destruíssemos uma parte de nós mesmos.

É certo que nossos traços de caráter geralmente mudam pouco. Se observados com alguns anos de intervalo, raros são os coléricos que se tornam pacientes, os atormentados que encontram a paz interior ou os pretensiosos que passam a ser humildes. Entretanto, por mais raro que seja, alguns mudam, e a mudança que neles se opera mostra que não se trata de algo impossível.

Nossos traços de caráter perduram enquanto não fazemos nada para melhorá-los e deixamos nossa indisposição e nosso automatismo se manter, até mesmo ganhar força a cada pensamento, dia após dia, ano após ano. Mas eles não são intangíveis.

A malevolência, a avidez, o ciúme e outros venenos mentais fazem, indiscutivelmente, parte de nossa natureza, mas há diferentes formas de fazer parte de alguma coisa. A água, por exemplo, pode conter cianureto e nos levar à morte imediata. Entretanto, misturada com um remédio, cura-nos. Por si mesma, ela nunca se tornou tóxica nem medicinal. Os diferentes estados da água são temporários e anedóticos, como nossas emoções, humores e traços de personalidade.

Um aspecto fundamental da consciência

Compreendemos isso quando percebemos que a qualidade primeira da consciência, que é simplesmente "conhecer", não é intrinsecamente nem boa nem má.

Se olharmos além das ondas turbulentas dos pensamentos e das emoções efêmeros que atravessam nossa mente, da manhã à noite, podemos constatar a presença desse aspecto fundamental da consciência que torna possível e subjaz toda percepção, qualquer que seja sua natureza. O budismo qualifica esse aspecto cognocente de "luminoso", pois ele esclarece, ao mesmo tempo, o mundo exterior e o mundo interior das sensações, das emoções, dos raciocínios, das lembranças e dos temores, levando-nos a percebê-los. Ainda que essa faculdade de conhecer sustente cada acontecimento mental, ela não é afetada, em si mesma, por esse acontecimento. Um raio de luz pode clarear um rosto raivoso ou um sorridente, uma joia ou um monte de lixo, mas a luz não é em si mesma nem maléfica nem benéfica, nem limpa nem suja. Essa constatação permite compreender que é possível transformar nosso universo mental, o conteúdo de nossos pensamentos e de nossas experiências.

De fato, o fundo neutro e "luminoso" da consciência nos oferece o espaço necessário para observar os acontecimentos mentais, em vez de ficar à sua mercê, para criar, em seguida, as condições de sua transformação.

Um simples desejo não basta

Não podemos escolher o que somos, mas podemos querer melhorar.

Essa aspiração dará uma direção à nossa mente. Já que um simples desejo não basta, cabe a nós realizá-lo.

Não achamos anormal passar anos aprendendo a andar, a ler, a escrever e a nos formar profissionalmente, passar horas a nos exercitar fisicamente para estarmos em forma, por exemplo, pedalando com assiduidade sobre uma bicicleta ergométrica que não vai a lugar algum. Para empreendermos uma tarefa qualquer, precisamos ter um mínimo de interesse ou entusiasmo, e esse interesse vem do fato de estarmos conscientes dos benefícios que decorrerão de nosso ato.

Por que mistério a mente escaparia dessa lógica? E poderia ela transformar-se sem o menor esforço, simplesmente porque o desejamos? Seria o mesmo que desejar tocar um concerto de Mozart dedilhando ao piano apenas de vez em quando.

Esforçamo-nos muito para melhorar as condições exteriores de nossa existência, mas é a nossa mente que tem a experiência do mundo e a expressa sob a forma de bem-estar ou sofrimento. Se modificarmos nossa maneira de perceber as coisas, transformaremos a qualidade de nossa vida. E essa mudança é resultado de um treinamento da mente que se chama "meditação".

O que é meditar?

A meditação é uma prática que permite cultivar e desenvolver certas qualidades humanas fundamentais, da mesma forma que outras maneiras de treinar nos ensinam a ler, a tocar um instrumento musical ou a adquirir qualquer outra aptidão.

Etimologicamente, as palavras sânscrita e tibetana traduzidas em francês por "meditação" são, respectivamente, *bhavana*, que significa "cultivar", e *gom*, "familiarizar-se". Trata-se, principalmente, de familiarizar-se com uma visão clara e justa das coisas e de cultivar qualidades que nós todos possuímos mas que permanecerão em estado latente enquanto não nos esforçarmos para desenvolvê-las.

Alguns acreditam que a meditação não é necessária porque as experiências constantes da vida bastam para formar nosso cérebro e, consequentemente, nossa maneira de ser e de agir. Não há dúvida de que é graças a essa interação com o mundo que a maior parte de nossas faculdades, as dos sentidos, por exemplo, se desenvolve. Contudo, é possível fazer melhor. As pesquisas científicas no campo da "neuroplasticidade" mostram que toda forma de treinamento induz a reorganizações importantes no cérebro, tanto no nível funcional quanto no plano estrutural.

Comecemos, então, nos perguntando o que desejamos verdadeiramente na existência. Contentaremo-nos em improvisar o dia a dia? Não percebemos, no fundo de nós, um mal-estar difuso e constante, quando, ao contrário, temos sede de bem-estar e de plenitude?

Acostumados a pensar que nossos defeitos são irreversíveis, a colecionar fracassos ao longo da vida, acabamos por considerar nosso disfuncionamento como um fato consumado, sem tomar consciência de que é possível nos libertar desse círculo vicioso do qual estamos cansados.

Do ponto de vista do budismo, cada ser humano traz em si o potencial do Despertar, tão certamente, dizem os textos, quanto cada grão de gergelim está saturado de óleo. Apesar disso, nós vagamos na confusão como mendigos, que, para utilizar outra comparação tradicional, são ao mesmo tempo ricos e pobres, pois ignoram que um tesouro está enterrado em sua cabana.

Transformar-se a si mesmo para melhor transformar o mundo

Desenvolvendo nossas qualidades interiores, podemos ajudar os outros de uma forma melhor. Nossa experiência pessoal, ainda que seja, a princípio, nossa única referência, deve, em seguida, permitir-nos adotar um ponto de vista mais amplo que leve em consideração todos os seres. Dependemos todos uns dos outros e ninguém quer sofrer. Ser feliz no meio da infinidade dos outros que sofrem seria absurdo, se é que isso seja possível.

A busca da felicidade unicamente para si é destinada ao fracasso certo, já que o egocentrismo está na base de nosso mal-estar. "Quando a felicidade egoísta é o único objetivo da vida, a vida perde o objetivo",[1] escrevia Romain Rolland. Mesmo exibindo todas as aparências da felicidade, não se pode ser verdadeiramente feliz se não houver interesse pelo bem do outro. Em contraposição, o amor altruísta e a compaixão são os fundamentos da felicidade autêntica.

Esses propósitos não decorrem de uma intenção moralizante, mas refletem simplesmente a realidade. Buscar a felicidade unicamente para si é a melhor forma de não ser feliz nem fazer os outros felizes. Poderíamos acreditar que é possível isolar-se dos outros para garantir mais facilmente seu próprio bem-estar (que cada um faça sua parte e todos serão felizes), mas o resultado obtido dessa forma será contrário ao que se desejava. Divididos entre esperança e medo, tornaremos nossa vida miserável e arruinaremos a vida de todos aqueles que nos rodeiam. No fim, todos seremos perdedores.

Uma das razões fundamentais desse fracasso é que o mundo não é constituído de entidades autônomas dotadas de propriedades intrínsecas que as tornariam belas ou feias, amigas ou inimigas: as coisas e os seres são essencialmente interdependentes e em perpétua evolução. Além disso, os próprios elementos que os constituem só existem em relação uns com os outros. O egocentrismo se choca continuamente contra essa realidade e só gera frustrações.

1. Romain Rolland, Jean-Christophe, Paris, Albin Michel, 1952, t. VIII.

O amor altruísta, esse sentimento que, segundo o budismo, consiste em desejar que os outros sejam felizes, assim como a compaixão – definida como o desejo de atenuar o sofrimento do outro e suas causas –, não é simplesmente um sentimento nobre, mas está em harmonia com a realidade das coisas. A infinidade dos seres quer evitar o sofrimento tanto quanto nós mesmos. Além disso, como somos todos interdependentes, nossa felicidade e infelicidade estão ligadas às dos outros. Cultivar o amor e a compaixão é uma aposta duplamente vencedora: a experiência mostra que esses são os sentimentos que nos fazem o maior bem e que os comportamentos que eles provocam são percebidos pelos outros como benfazejos.

Quando sentimos sinceramente que o bem-estar e o sofrimento dos outros nos dizem respeito, devemos necessariamente pensar e agir de maneira justa e esclarecida. Para que os atos realizados com a intenção de ajudar o outro tenham verdadeiramente consequências benéficas, devem ser guiados pela sabedoria, que se adquire por meio da meditação. A principal razão de ser da meditação é transformar-se a si mesmo para melhor transformar o mundo, ou tornar-se um ser humano melhor para melhor servir aos outros. A meditação permite dar à vida seu sentido mais nobre.

Um efeito global

Se o objetivo principal da meditação é transformar nossa experiência do mundo, fica claro também que a experiência meditativa tem efeitos benéficos sobre a saúde. Há dez anos, aproximadamente, grandes universidades americanas como a Universidade de Madison, no Wisconsin, as de Princeton, Harvard e Berkeley, assim como centros em Zurique e em Maastricht, na Europa, vem fazendo pesquisas intensivas acerca da meditação e sua ação, a curto e longo prazo, sobre o cérebro. Meditadores experientes, totalizando entre dez e 60 mil horas de meditação, demonstraram que tinham adquirido capacidades de atenção pura que não são encontradas nos iniciantes. São capazes, por exemplo, de manter uma vigilância quase perfeita durante 45 minutos sobre uma tarefa particular, enquanto a maioria das pessoas não ultrapassa cinco ou dez minutos, ao fim dos quais os erros se multiplicam. Os meditadores experientes têm a faculdade de criar estados mentais precisos, focados, potentes e duradouros. Experiências mostraram notadamente que a zona do cérebro associada às emoções, como a compaixão, por exemplo, apresentava uma atividade consideravelmente maior nas pessoas que tinham longa vivência meditativa. Essas descobertas indicam que as qualidades humanas podem ser deliberadamente cultivadas por um treinamento mental.

Sem entrar em detalhes, assinalamos que um número crescente de estudos científicos indica igualmente que a prática da meditação em curto prazo diminui consideravelmente o estresse (cujos efeitos nefastos sobre a saúde já estão estabelecidos[2]),

2. *Sobre os efeitos negativos do estresse*, ver Sephton, S. E., Sapolsky, R., Kraemer, H. C., et Spiegel, D., "Diurnal Cortisol Rhythm as a Predictor of Breast Cancer Survival", *Journal of the National Cancer Institute* 92 (12), 2000, p. 994-1000. *Sur l'infuence de la méditation*, ver: Carlson, L.E., Speca,

a ansiedade, a tendência à raiva (que reduz as chances de sobrevida após uma cirurgia cardíaca) e os riscos de recaída entre as pessoas que viveram antes, pelo menos, dois períodos de depressão grave.[3] Oito semanas de meditação (do tipo MBSR[4]), trinta minutos por dia, reforçam o sistema imunológico, as emo-

---

M., Patel, K. D., Goodey, E., "Mindfulness-Based Stress Reduction in Relation to Quality of Life, Mood, Symptoms of Stress and Levels of Cortisol, Dehydroepiandrostrone-Sulftate (DHEAS) and Melatonin in Breast and Prostate Cancer Outpatients", *Psychoneuroendocrinology,* vol. 29, Issue 4, 2004; Speca, M., Carlson, L. E., Goodey, E., Angen M., "A Randomized, Wait-list Controlled Clinical Trial: the Effect of a Mindfulness Meditation-based Stress Reduction Program on Mood and Symptoms of Stress in Cancer Outpatients", *Psychosomatic medicine*, 62 (5), sept.-oct. 2000, pp. 613-22; Orsillo, S. M. et Roemer, L. *Acceptance and Mindfulness-based Approaches to Anxiety*, Springer 2005.

3. Teasdale, J.D. *et al.*, "Metacognitive awareness and prevention of relapse in depression : empirical evidence", *J. Consult. Clin. Psychol.*, 70, 2002, p. 275-287; Grossman, P., Niemann, L., Schmidt, S., et Walach, H., "Mindfulness-based stress reduction and health benefits. A meta-analysis", *Journal of Psychosomatic Research*, 57 (1), 2004, pp. 35-43; Sephton, S.E., Salmon, P., Weissbecker, I., Ulmer, C., Hoover, K., et Studts, J., "Mindfulness Meditation Alleviates Depressive Symptoms in Women with Fibromyalgia: Results of a Randomized Clinical Trial", *Arthritis Care & Research*, 57 (1), 2004, pp. 77-85; M. A. Kenny, J. M. G. Williams, "Treatmentresistant depressed patients show a good response to Mindfulness-based Cognitive Therapy", *Behaviour Research and Therapy*, vol. 45, Issue 3, 2007, p. 617-625.
4. MBSR, *"Mindfulness Based Stress Reduction"*, é um treinamento secular de meditação sobre a consciência plena, baseado numa meditação budista, que foi desenvolvido no sistema hospitalar dos Estados Unidos, há mais de vinte anos, por Jon Kabat-Zinn e que é utilizado agora, com sucesso, em mais de duzentos hospitais para diminuir as dores pós-operatórias e aquelas associadas ao câncer e a outras doenças graves. Ver Kabat-Zinn, J. *et al.*, "The Clinical Use of Mindfulness Meditation for the Self-Regulation of Chronic Pain", *Journal of Behavioral Medecine*, 8, 1985, pp. 163-90.

ções positivas[5] e a faculdade de atenção,[6] há uma diminuição da tensão arterial nos indivíduos hipertensos[7] e uma aceleração da cura da psoríase.[8] O estudo da influência dos estados mentais sobre a saúde, antigamente considerado como fantasioso, está cada vez mais na ordem do dia na pesquisa científica.[9]

5. Davidson, R.J., Kabat-Zinn, J., Schumacher, J. Rosenkranz, M., Muller, D., Santorelli, S.F., Urbanowski, F., Harrington, A., Bonus, K., et Sheridan, J.F., "Alterations in brain and immune function produced by mindfulness meditation", *Psychosomatic Medecine*, 65, 2003, p. 564-570. *Sobre os efeitos da meditação a longo prazo*, ver: Lutz, A., Greischar, L. L., Rawlings, N. B., Ricard, M. et Davidson, R. J., "Long-term Mediators Self-induced High-amplitude Gamma Synchrony During Mental Practice", PNAS, vol. 101, n° 46, novembre 2004; Brefczynski-Lewis, J. A., Lutz, A., Schaefer, H. S., Levinson, D. B. et Davidson, R. J., "Neural Correlates of Attentional Expertise in Long-Term Meditation Practitioners", PNAS, vol. 104, no 27, juillet 2007, pp. 11483-11488; Ekman, P., Davidson, R. J., Ricard, M. et Wallace, B. A., "Buddhist and psychological perspectives on emotions and well-Being", *Current Directions in Psychological Science*, 14, 2005, p. 59-63.
6. Lutz, A., Slagter, H. A., Dunne, J. D. et Davidson, R. J., "Attention regulation and monitoring in meditation", *Trends in Cognitive Science*, vol. 12, n°4, avril 2008, p. 163-169; Jha, A.P. *et al.*, "Mindfulnes' training modifies subsystems of attention", *Cogn. Affect. Behav. Neurosci*, 7, 2007, pp. 109-19; Slagter, H.A., Lutz, A., Greischar, L.L., Francis, A.D., Nieuwenhuis, S., Davis, J.M., Davidson, R.J., "Mental Training Affects Distribution of Limited Brain Resources", *PLoS Biology*, volume 5, Issue 6, e138, www.plosbiology.org, juin 2007.
7. Carlson, L.E. *et al.*, "One year pre-post intervention follow-up of psychological, immune, endocrine and blood pressure outcomes of mindfulness-based stress reduction (MBSR) in breast and prostate cancer out patients", *Brain Behav. Immun.*, 21, 2007, pp. 1038-49.
8. Ver Grossman, P. *et al.*, *op. cit.*
9. Lutz, A., Dunne, J. D. and Davidson, R. J., "Meditation and the Neuroscience of Consciousness: An Introduction", in *The Cambridge Handbook of Consciousness*, chap. 19, p. 497-549, 2007.

Sem querer fazer sensacionalismo, é importante enfatizar quanto a meditação e o "treinamento da mente" podem mudar uma vida. Temos tendência a subestimar o poder de transformação de nossa mente e as repercussões que essa "revolução interior", sutil e profunda, acarretam na qualidade de nossa experiência vivida.

Uma vida repleta não é feita de uma sucessão de sensações agradáveis, mas de uma transformação na maneira pela qual nós compreendemos e atravessamos os acasos da existência. O treinamento da mente permite não somente combater as toxinas mentais, como o ódio e a obsessão que envenenam literalmente nossa existência, mas também adquirir melhor conhecimento sobre como a mente funciona e uma percepção mais justa da realidade.

É essa percepção mais precisa que nos permite enfrentar os altos e baixos da vida, não só sem nos desviar nem dilacerar, mas também sabendo tirar deles lições profundas.

II

SOBRE O QUE MEDITAR?

O objeto da meditação é a mente. Por agora, ela está, ao mesmo tempo, confusa, agitada, rebelde e submetida a inúmeros condicionamentos e automatismos. A meditação não tem por objetivo feri-la ou anestesiá-la, mas torná-la livre, clara e equilibrada.

Segundo o budismo, a mente não é uma entidade, mas uma onda dinâmica de experiências, uma sucessão de instantes da consciência. Essas experiências são frequentemente marcadas pela confusão e pelo sofrimento, mas podem também ser vividas num estado amplo de clareza e de liberdade interior.

Conforme o mestre tibetano contemporâneo Jigmé Khyentsé Rinpotché, "não precisamos treinar a mente para que ela se aborreça mais facilmente ou fique com ciúme. Não precisamos de um acelerador de raiva ou de um amplificador de amor próprio".[1] No entanto, o treinamento da mente é crucial se quisermos refinar nossa atenção, desenvolver nosso

1. Jigmé Khyentsé Rinpotché, ensinamento dado em Portugal, setembro de 2007.

equilíbrio emocional e nossa paz interior, como também cultivar o devotamento ao bem do próximo. Temos em nós o potencial necessário para fazer frutificar essas qualidades, mas elas não se desenvolverão por si mesmas pelo simples fato de querermos que isso aconteça. Precisam de treino. Todo treinamento, como já enfatizamos, exige perseverança e entusiasmo. Não se aprende a esquiar exercitando-se somente um ou dois minutos por mês.

Refinar a atenção e a consciência plena

Galileu descobriu os anéis de Saturno após ter fabricado uma luneta astronômica suficientemente luminosa e possante que colocou sobre um suporte estável. Essa descoberta não teria sido possível se seu instrumento fosse defeituoso ou se ele o tivesse segurado com uma mão trêmula. Da mesma forma, se quisermos observar os mais sutis mecanismos do funcionamento de nossa mente e agir sobre eles, devemos aperfeiçoar nosso poder de introspecção. Para isso, temos de aguçar nossa atenção para que ela se torne estável e clara. Poderemos, então, observar o funcionamento da mente, a maneira pela qual ela percebe o mundo, compreende a concatenação dos pensamentos. Enfim, estaremos prontos para tornar mais refinada sua percepção com o objetivo de discernir o aspecto mais fundamental da consciência, um estado perfeitamente lúcido e vivo, sempre presente, mesmo na ausência de construções mentais.

O que a meditação não é

Os praticantes da meditação são, às vezes, criticados por ser muito autocentrados, por se satisfazer com certa introspecção egocêntrica em vez de ajudar os outros. Mas não se pode tratar de egoísta uma atitude que busca erradicar a obsessão consigo mesmo e cultivar o altruísmo. Seria o mesmo que criticar um futuro médico por passar anos estudando medicina.

Existem numerosos clichês sobre a meditação. Antes de mais nada, ela não consiste em criar um vazio na mente, bloqueando os pensamentos – o que é, aliás, impossível –, nem em levar a mente a cogitações sem fim para analisar o passado ou antecipar o futuro. Também não se reduz a um simples processo de relaxamento no qual os conflitos interiores são momentaneamente suspensos num estado de consciência indiferenciado.

Há, certamente, um elemento de relaxamento na meditação, mas trata-se mais do alívio que acompanha o "desprender-se" das esperanças e medos, dos apegos e caprichos do ego que não param de alimentar nossos conflitos interiores.

Um controle que liberta

Veremos que a maneira de produzir pensamentos não consiste nem em bloqueá-los nem em nutri-los indefinidamente, mas em deixá-los emergir e desaparecer por si mesmos no campo da consciência plena, de maneira que não invadam nossa mente.

A meditação consiste mais exatamente em tomar o controle de sua mente, em familiarizar-se com uma nova compreensão do mundo e em cultivar uma maneira de ser que não está submetida aos nossos esquemas habituais de pensamento. Começa frequentemente por uma atitude analítica, passando à contemplação e à transformação interior.

Ser livre é ser dono de si mesmo. Não é fazer tudo o que vem à cabeça, mas libertar-se da sujeição às aflições que dominam a mente e a obscurecem. É tomar as rédeas de sua vida, em vez de entregá-la às tendências forjadas pelo hábito e à confusão mental. Não é largar o leme, deixar as velas flutuar ao vento e o barco partir à deriva, mas, ao contrário, colocá-lo na direção escolhida: aquela que consideramos como a mais desejável para nós e para os outros.

No coração da realidade

A compreensão da qual tratamos consiste em uma visão mais clara da realidade. A meditação não é um meio de escapar da realidade, como a acusam às vezes. Ao contrário, tem por objetivo nos fazer ver a realidade como ela é – o mais perto possível daquilo que vivemos –, desmascarando as causas profundas do sofrimento e dissipando a confusão mental que nos leva a procurar a felicidade onde ela não se encontra. Para chegar à justa visão das coisas, medita-se, por exemplo, sobre a interdependência de todos os fenômenos, sobre seu caráter transitório e sobre a não existência do ego percebido como uma entidade sólida e autônoma à qual nos identificamos.

Essas meditações se apoiam igualmente na experiência adquirida por gerações de contemplativos que dedicaram sua vida a observar os mecanismos do pensamento e a natureza da consciência e que, em seguida, ensinaram um grande número de métodos empíricos que permitiram desenvolver a clareza mental, a vigilância, a liberdade interior ou ainda o amor e a compaixão. É indispensável constatar o valor desses métodos e verificar a validade das conclusões às quais esses sábios chegaram. Essa verificação não é um simples procedimento intelectual: é preciso redescobrir essas conclusões, depois integrá-las no mais profundo de si por um longo processo de familiarização. Essa iniciativa tem de contar com a determinação, o entusiasmo e a perseverança, o que Shantidéva[2] chama de "alegria de fazer o que é benéfico".

Começa-se, então, por observar e compreender como os pensamentos se encadeiam e provocam todo um mundo de emoções, de alegrias e de sofrimentos. Penetra-se, em seguida, por trás da tela dos pensamentos para apreender o componente fundamental da consciência, a faculdade cognitiva primeira, no seio da qual todos os pensamentos e todos os outros fenômenos mentais surgem.

Soltar o macaco da mente

Para bem realizar essa tarefa, deve-se começar acalmando sua mente turbulenta. Compara-se a mente com um macaco

2. Um autor budista do século VII cuja obra principal, *L'Entrée dans la pratique des bodhisattvas (Bodhicharya-vatara)*, é um grande clássico.

cativo que, de tanto se agitar, se enrosca nas próprias correntes, incapaz de se soltar.

Do turbilhão de pensamentos surgem, primeiramente, as emoções, depois os humores, o comportamento e, com o tempo, os hábitos e os traços de personalidade. Tudo o que se manifesta assim espontaneamente não produz em si bons resultados, da mesma forma que semear grãos ao vento não dá boas colheitas. Antes de tudo, precisamos dominar a mente, a exemplo do camponês que prepara sua terra para nela jogar as sementes.

Se considerarmos sinceramente os benefícios que se colhem quando se faz de cada instante da nossa existência uma nova experiência do mundo, não parece excessivo reservar vinte minutos por dia para conhecer melhor a mente e treiná-la.

O fruto da meditação seria aquilo que se poderia chamar de uma maneira de ser ideal ou de uma felicidade autêntica. Essa felicidade não é constituída de uma sucessão de sensações e de emoções agradáveis. É o sentimento profundo de ter realizado da melhor maneira o potencial de conhecimento e de desempenho que se tem. Essa aventura vale a pena.

III

COMO MEDITAR?

A meditação não diz respeito às palavras, mas à prática. De nada serve ler várias vezes o cardápio de um restaurante, o que vale é assentar-se à mesa. Entretanto, é útil dispor das linhas e diretrizes que as obras dos sábios do passado oferecem. Estas possuem minas de instruções que expõem claramente os objetivos e os métodos de cada meditação, a melhor forma de progredir e as armadilhas que espreitam os praticantes.

Vejamos agora alguns dos numerosos métodos de meditação. Começaremos pelas preliminares e pelos conselhos gerais, em seguida enfocaremos um certo número de meditações particulares que constituem o fundamento da via espiritual. Nós o faremos da forma mais simples possível, a fim de permitir a cada um exercitá-la gradualmente. Enfim, para os que desejam aprofundar essas práticas, daremos, no fim do texto, referências mais detalhadas de obras. Nunca conseguiremos enfatizar suficientemente a importância dos conselhos de um guia experiente. Este texto não pretende substituir tais conselhos, mas oferecer bases provenientes de fontes autênticas.

Muitos desses exercícios, sobretudo aqueles que se referem à consciência plena, à calma interior, à visão penetrante e ao amor altruísta, são praticados por todas as escolas de budismo; outros, aqueles que tratam, por exemplo, da maneira de administrar emoções, provêm do budismo tibetano. Como este livro é destinado a todos aqueles que desejam praticar a meditação, sem se engajar necessariamente no budismo, nós não explicaremos certos fundamentos da prática budista propriamente dita, como a "tomada de refúgio", assim como certos assuntos muito específicos.

Abordaremos os seguintes temas:

- a motivação que deve preceder e acompanhar todo o esforço;
- as condições favoráveis ao exercício da meditação:
  - seguir os conselhos de um guia qualificado,
  - os lugares propícios para a meditação,
  - uma postura física apropriada,
  - o entusiasmo como motor da perseverança;
- algumas recomendações gerais;
- volver a mente para a meditação contemplando:
  - o valor da vida humana,
  - a natureza efêmera de toda coisa,
  - o que se deve cumprir ou evitar,
  - a insatisfação inerente ao mundo do cotidiano;
- a meditação sobre a consciência plena;
- a calma interior (*shamatha*):
  - a atenção ao vaivém da respiração,
  - a concentração em um objeto,

  - a concentração sem objeto,
  - superar obstáculos,
  - a progressão da calma interior;
- a meditação sobre o amor altruísta:
  - o amor,
  - a compaixão,
  - o alegrar-se com a felicidade do outro,
  - a imparcialidade,
  - como associar essas quatro meditações,
  - a troca com o outro;
- aliviar a dor física e mental;
- a visão penetrante (*vipasyana*):
  - compreender melhor a realidade,
  - administrar os pensamentos e as emoções,
  - à procura do ego,
  - meditação sobre a natureza da mente;
- dedicar os frutos de nossos esforços;
- associar a meditação à vida de todo dia.

Para concluir, lembremos que nossa mente pode ser nosso melhor amigo como também nosso pior inimigo. Libertá-la da confusão, do egocentrismo e das emoções perturbadoras é o melhor serviço que podemos prestar a nós mesmos e ao outro.

A MOTIVAÇÃO

Quando começamos uma meditação, como qualquer outra atividade, é essencial que verifiquemos a natureza de nossa motivação. Com efeito, é essa motivação, altruísta ou egoísta, vasta ou limitada, que dará uma direção positiva ou negativa aos nossos atos e determinará seu resultado.

Todos nós desejamos evitar o sofrimento e atingir a felicidade, e temos o direito fundamental de realizar essa aspiração. Entretanto, nossos atos estão, na maior parte do tempo, em contradição com nossos desejos. Procuramos a felicidade onde ela não está e nos precipitamos em direção ao que nos faz sofrer. A prática budista não exige renunciar a tudo o que é realmente benéfico na existência, mas abandonar as causas do sofrimento, às quais estamos agarrados como se fossem drogas. Esse sofrimento originário da confusão mental que obscurece nossa lucidez e nosso julgamento só pode ser combatido se adquirirmos uma visão justa da realidade e transformarmos nossa mente. Eliminaremos assim suas principais causas: os venenos mentais que são a ignorância, a malevolência, a avidez, a arrogância e o ciúme, eles mesmos produzidos pelo apego egocêntrico e falacioso ao "eu".

Curar-se desses sofrimentos pessoais, entretanto, não basta. Cada um de nós é um único ser, enquanto os outros são em número infinito e querem, todos eles, da mesma forma que nós, não sofrer mais. Além disso, todos os seres são interdependentes e estamos, portanto, intimamente ligados aos outros. Consequentemente, o objetivo último da transformação que vamos empreender pela meditação é, também, ser capazes de libertar todos os seres do sofrimento e contribuir para o seu bem-estar.

Meditação

Vamos refletir sobre nossa situação atual. Nossos comportamentos ou nossas reações habituais não mereceriam ser melhorados? Olhemos bem no fundo de nós mesmos.

Não vemos aí a presença de um potencial de mudança? Confiemos no fato de que a mudança é possível, ainda que tenhamos pouca determinação e lucidez. Esforcemo-nos em nos transformar não somente para o nosso bem, mas também para um dia sermos capazes de dissipar o sofrimento dos outros e ajudá-los a encontrar a felicidade duradoura. Deixemos essa determinação crescer e enraizar-se no mais profundo de nós.

Fontes de inspiração

"Demonstramos estreiteza ou abertura de espírito? Levamos em consideração o todo de uma situação ou limitamo-nos aos seus detalhes? Temos uma perspectiva de longo ou curto prazo? Nossa motivação é realmente impregnada de compaixão?... Nossa compaixão se limita a nossa família, aos nossos amigos e a todos aqueles com os quais nos identificamos? Precisamos a todo momento nos fazer esse tipo de perguntas."

XIV° Dalai Lama

Que o precioso Pensamento do Despertar
Nasça em mim, se não o concebi.
Quando tiver nascido, que jamais decline
Mas cresça sempre.

Votos de Bodhisattva

AS CONDIÇÕES FAVORÁVEIS PARA A PRÁTICA DA MEDITAÇÃO

Seguir os conselhos de um guia qualificado

Para meditar, é preciso, primeiramente, saber como fazer. Por isso, o papel do instrutor qualificado é essencial. No melhor dos casos, trata-se de um mestre espiritual autêntico, capaz de oferecer uma fonte inesgotável de inspiração e de conhecimento, assim como uma longa experiência pessoal. Nada pode substituir, com efeito, a força do exemplo e a profundidade da transmissão viva. Além de sua presença inspiradora e do ensinamento que dispensa silenciosamente, só pela sua maneira de ser, esse mestre vigia seu discípulo para que ele não se perca em outros atalhos.

Se o encontro com um mestre assim não for possível, podemos nos beneficiar com os conselhos de alguém sério, que tenha mais conhecimento e experiência que nós e cujas instruções se apoiem numa tradição verdadeira e aprovada. Caso contrário, é melhor ter a ajuda de um texto simples como este, se ele for baseado em fontes confiáveis, em vez de nos deixar orientar por um instrutor cujos ensinamentos refletem somente as fantasias de sua própria invenção.

Um lugar propício à meditação

As circunstâncias que a vida cotidiana nos oferece não são favoráveis à meditação. Nosso tempo e nossa mente estão ocupados com toda espécie de atividade e de preocupação sem fim. Por isso, torna-se necessário, no início, organizar um certo número de condições favoráveis. É possível e desejável manter os benefícios da meditação quando estamos mergulhados no seio da vida corrente, sobretudo recorrendo ao exercício da "consciência plena". Mas, inicialmente, é indispensável treinar a mente num meio ambiente propício. Não aprendemos os rudimentos da navegação na hora da tempestade, mas quando o tempo está bom e num mar calmo. Da mesma forma, no começo, é preferível meditar num lugar tranquilo para dar à mente uma chance de se tornar clara e estável. Os textos budistas recorrem sempre à imagem de uma lâmpada de querosene. Se ela for constantemente exposta ao vento, sua claridade será fraca e correrá o risco de se apagar. Se, ao contrário, for protegida contra o vento, sua chama será estável e luminosa. O mesmo acontece com nossa mente.

Uma postura física apropriada

A postura física influi no estado mental. Se adotarmos uma postura muito relaxada, haverá grande possibilidade de que nossa meditação caia no torpor e na sonolência. Já uma postura muito rígida e tensa pode nos provocar agitação mental. Então, tem-se de adotar uma postura equilibrada, nem muito tensa nem muito relaxada. Encontramos neste texto a descrição da postura em sete pontos, chamada *vajrasana* (postura do diamante).

1. As pernas estão cruzadas na postura do *vajra*, comumente denominada "postura de lótus", na qual se começa dobrando a perna direita sobre a esquerda, depois a esquerda sobre a direita.

Se essa postura for muito difícil, pode-se adotar a "meio-lótus", que consiste em colocar a perna direita sob a coxa esquerda e a perna esquerda sob a coxa direita (postura dita "feliz", chamada de *sukhasana*):

2. As mãos repousam sobre o regaço num gesto de equanimidade, a mão direita sobre a mão esquerda, com a extremidade dos polegares se tocando. Outra variante consiste em colocar as mãos abertas sobre os joelhos, com as palmas voltadas para baixo.

3. Os ombros são levemente levantados e inclinados para a frente.

4. A coluna vertebral fica bem reta, "como uma pilha de moedas de ouro".

5. O queixo fica ligeiramente encolhido sobre a garganta.

6. A ponta da língua toca o alto do palato.

7. O olhar se dirige em linha reta para a frente ou levemente para baixo, no prolongamento do nariz, os olhos ficam bem abertos ou semicerrados.

Se tivermos dificuldade de permanecer assentados com as pernas cruzadas, poderemos, é claro, meditar sobre uma cadeira ou sobre uma almofada alta.

O essencial é manter uma posição equilibrada, as costas retas e adotar outros pontos da postura descrita acima. Os textos dizem que, se o corpo estiver bem ereto, os canais de energia sutil ficam igualmente eretos e, por conseguinte, a mente fica clara.

Pode-se contudo modificar levemente a postura do corpo segundo a evolução da meditação. Se tivermos a tendência a mergulhar no torpor, até mesmo no sono, levantaremos o peito, adotando uma postura mais firme, dirigindo o olhar para o alto. Se, ao contrário, a mente estiver muito agitada, relaxaremos um pouco e dirigiremos o olhar para baixo.

A postura apropriada deve ser mantida o maior tempo possível, mas, se ela se tornar muito desconfortável, é melhor relaxar alguns instantes do que ficar constantemente distraído pela dor. Pode-se também, no limite de suas possibilidades, apreender a experiência da dor, sem rejeitá-la nem ampliá-la, acolhendo-a como qualquer outra sensação, agradável ou desagradável, na consciência plena do momento presente. Pode-se, enfim, alternar a meditação sentada com a marcha contemplativa, um método que descreveremos mais tarde.

O entusiasmo como motor da perseverança

Para nos interessarmos por alguma coisa e dedicar-lhe algum tempo, é preciso primeiramente perceber suas vantagens. O fato de refletirmos sobre os benefícios esperados da meditação, de tê-los experimentado um pouco alimentará nossa perseverança. Contudo, isso não quer dizer que a meditação seja um exercício sempre agradável. Podemos compará-la a uma excursão na montanha, que não é prazerosa o tempo todo. O essencial é ter um interesse suficientemente profundo para manter o esforço, apesar dos altos e baixos da prática espiritual. A satisfação de progredir em direção ao objetivo fixado é suficiente para manter a determinação e a convicção de que o esforço vale a pena.

ALGUMAS RECOMENDAÇÕES GERAIS

É essencial manter a continuidade da meditação, dia após dia, pois é assim que ela ganha, pouco a pouco, em amplitude e estabilidade, como um filete de água que se transforma em riacho e depois em rio.

Lê-se nos textos que é melhor meditar regularmente, e de forma repetida, durante curtos períodos de tempo do que fazer longas sessões de vez em quando. Podemos, por exemplo, dedicar vinte minutos todo dia à meditação e aproveitar pausas em nossas atividades para reavivar, por alguns minutos, a experiência adquirida durante nossa prática formal. Esses curtos períodos terão mais chance de ser de boa qualidade e manterão um sentimento de continuidade em nossa prática.

Para que uma planta cresça bem, temos de regá-la um pouco diariamente. Se nos contentarmos em derramar sobre ela um grande balde de água uma vez por mês, ela morrerá provavelmente pela seca entre duas regaduras. O mesmo acontece com a meditação. Isso não quer dizer que não possamos consagrar à meditação mais tempo, às vezes.

Se meditarmos de maneira muito descontínua, durante os intervalos sem meditação voltaremos a nossos velhos hábitos e seremos novamente dominados pelas emoções negativas, sem poder recorrer ao suporte da meditação. Inversamente, se meditarmos sempre, ainda que de maneira breve, poderemos prolongar, entre as sessões formais, uma certa parte de nossa experiência meditativa.

Dizem, também, que a assiduidade não deve depender do humor do momento.

Seja nossa sessão de meditação agradável ou enfadonha, fácil ou difícil, o importante é perseverar. Aliás, é quando não estamos com vontade de meditar que a prática é mais proveitosa, pois ela ataca diretamente o que, em nós, impede o progresso espiritual.

Como veremos adiante mais detalhadamente, devemos igualmente equilibrar nossos esforços para não sermos nem muito tensos nem muito relaxados. Buda tinha um discípulo que era um grande tocador de *vina*, um instrumento de cordas parecido com o *sitar*. Esse discípulo tinha muita dificuldade em meditar e contou a Buda: "Por vezes, faço esforços desmedidos para concentrar-me e fico muito tenso. Outras vezes, tento relaxar, mas relaxo demais e mergulho no torpor. Como agir?". Buda lhe respondeu com uma pergunta: "Quando você afina seu instrumento, que tensão dá às suas cordas para que emitam o melhor som?". "Elas não devem ficar nem muito tensas nem muito relaxadas", respondeu o músico. Buda concluiu: "O mesmo acontece com a meditação: para que progrida harmoniosamente, deve-se encontrar o exato equilíbrio entre esforço e relaxamento".

Aconselha-se não dar importância às diversas experiências interiores que podem surgir no curso da meditação sob a forma, por exemplo, de felicidade, clareza interior ou ausência de pensamentos. Essas experiências são comparáveis às paisagens que vemos desfilar quando estamos sentados dentro de um trem. Não poderíamos descer do trem toda vez que uma cena nos parecesse interessante, pois o mais importante é chegar ao nosso destino final. No caso da meditação, nosso objetivo é nossa própria transformação ao longo dos meses e dos anos. Esses progressos são, em geral, quase imperceptíveis de um dia para o outro, como os ponteiros de um relógio que parecem não se mover quando os olhamos fixamente. Devemos, pois, ser diligentes, mas não impacientes. A precipitação não combina com a meditação, uma vez que toda transformação profunda exige tempo.

Pouco importa se o caminho for longo, de nada serve fixar uma data-limite, o essencial é saber que estamos indo na direção certa. Além disso, o progresso espiritual não é um caso de "tudo ou nada". Cada passo, cada etapa, traz sua parte de satisfação e contribui para o desabrochar interior.

Resumindo, o que conta não é fazer de vez em quando experiências efêmeras, mas ver, no fim de vários meses ou anos de prática, que mudamos de forma duradoura e profunda.

DIRIGIR A MENTE PARA A MEDITAÇÃO

Com o objetivo de reforçar nossa determinação para meditar, eis quatro temas de reflexão que merecem nossa atenção:

1. O valor da vida humana.
2. Sua fragilidade e a natureza transitória de todas as coisas
3. A distinção entre os atos benéficos e os nocivos
4. A insatisfação inerente a um grande número de situações de nossa existência.

O valor da vida humana

Desde que possamos gozar de um mínimo de liberdade e de oportunidades, a existência humana oferece extraordinárias ocasiões de desenvolvimento interior. Utilizada com conhecimento de causa, a meditação nos oferece uma chance única de realizar o potencial que todos nós possuímos e dilapidamos tão facilmente. Esse potencial, encoberto por nossa ignorância ou confusão mental e por nossas emoções perturbadoras, permanece na maior parte do tempo enterrado dentro de nós como um tesouro escondido. As qualidades adquiridas ao longo do percurso espiritual assinalam o aparecimento gradual desse potencial, comparável ao brilho de uma pepita de ouro que vai se manifestando à medida que a limpam.

Meditação

Damo-nos conta de como a vida é preciosa e desejamos extrair sua quintessência. Em comparação com a dos animais, essa vida nos dá a chance extraordinária de desempenhar uma obra benéfica que ultrapassa os limites de nossa simples pessoa. A inteligência humana é um instrumento extremamente poderoso, capaz de produzir imensos benefícios, mas também terríveis males. Devemos utilizá-la para eliminar gradualmente o sofrimento e descobrir a felicidade autêntica, não somente para nós mesmos, mas para todos aqueles que estão à nossa volta, de maneira que cada instante valha a pena ser vivido, para que, na hora de nossa morte, não tenhamos nada a lamentar, como o camponês que cultivou sua terra da melhor forma possível. Permaneçamos alguns instantes nesta profunda apreciação.

Fonte de inspiração

"Uma das principais dificuldades que encontramos tentando examinar nossa mente é a convicção profunda, e frequentemente inconsciente, de que somos como somos, e que não podemos mudar nada. Eu mesmo experimentei esse sentimento de pessimismo inútil na minha infância e o observei muitas vezes nos outros no curso de minhas viagens pelo mundo. Inconscientemente, o fato de ver nossa mente como algo rígido impede qualquer tentativa de mudança.

Alguns me disseram que tentaram mudar por meio de declarações afirmativas, orações ou visualizações, mas abandonaram essa prática, no fim de alguns dias, pois não viam resultado imediato. Quando os métodos não apresentam resultados, muitos rejeitam qualquer possibilidade de mudar sua mente. Entretanto, em minhas conversas com cientistas de todos os países, uma coisa chamou minha atenção: quase toda a comunidade científica concorda em pensar que o cérebro é estruturado de tal maneira que é possível efetuar verdadeiras mudanças em nossa experiência diária."

Yongey Mingyour Rinpotché[1]

1. Yongey Mingyour Rinpotché, *Bonheur de la méditation*, Fayard, 2008.

A NATUREZA EFÊMERA DE TODAS AS COISAS

De que serve refletir sobre a natureza transitória dos seres e das coisas? A vida humana, por mais breve que seja, tem um valor inestimável. A reflexão sobre a impermanência permite apreciar o valor do tempo, dar-se conta de que cada segundo de vida é precioso, enquanto, habitualmente, deixamos o tempo escoar como ouro puro entre os dedos. Por que deixamos para mais tarde o que, intuitivamente, sabemos ser essencial? Também não é necessário morrer de impaciência querendo resultados com mais pressa. Temos de adquirir a determinação inabalável de não perder mais tempo em distrações sem sentido. Não nos deixemos enganar pela ilusão de que "temos toda a vida diante de nós". Cada instante de vida é precioso, pois a morte pode surgir a qualquer momento.

A maneira pela qual vemos a morte influencia consideravelmente a qualidade de vida. Alguns são aterrorizados, outros preferem não pensar nela, outros meditam sobre ela para melhor apreciar o valor de cada instante e discernir o que vale a pena ser vivido. Iguais diante do caráter inevitável da morte, os seres diferem quanto à maneira de se preparar para ela. O sábio a utiliza como um ferrão que aviva sua coragem e o protege das vãs distrações. Ele não vive com o fantasma da morte, mas está consciente da fragilidade da vida, de maneira que dá todo valor ao tempo que lhe resta. Aquele que aproveita cada instante para tornar-se um ser melhor e contribuir para a felicidade dos outros morrerá em paz.

Sabendo que a natureza de todas as coisas é fundamentalmente mutável, como poderíamos pensar que um ser é basicamente mau ou que uma coisa será desejável ou odiosa para sempre? Como poderíamos perceber alguma coisa como intrinsecamente "minha"? Como poderíamos considerar a possibilidade de haver um "ego" permanente no seio do fluxo continuamente mutável de nossa consciência?

Compreender que a mudança está inscrita na natureza de todos os fenômenos do mundo animado ou inanimado evita o agarramento que temos com as coisas como se elas tivessem de durar eternamente. Essa última atitude termina, mais cedo ou mais tarde, em sofrimento, pois está em desacordo com a realidade. Além disso, quando a mudança se manifestar, compreenderemos que ela está na própria natureza das coisas e nos sentiremos menos afetados.

Meditação

Pensemos na sucessão das estações, dos meses e dos dias, de cada instante e nas mudanças que afetam cada aspecto da vida dos seres; pensemos, enfim, na morte, que é inelutável e cuja hora é incerta. Quem sabe quanto tempo me resta para viver?

Mesmo se eu chegar a uma idade avançada, o fim da minha vida passará tão rápido quanto o seu início. Então, tenho de analisar bem no fundo de mim o que importa verdadeiramente na existência e devo utilizar o tempo que me resta de vida da maneira mais frutífera, para o meu bem e o dos outros. Se desejo meditar e desenvolver minhas qualidades interiores, nunca é tarde para fazê-lo.

Fonte de inspiração

Se esta vida sobre a qual bate o vento de muitos males
é ainda mais frágil que uma bolha sobre a água,
É milagroso, depois de ter dormido,
Inspirando e expirando, acordar disposto!

Nagarjouna

"No início, é preciso ser perseguido pelo medo da morte como um cervo que escapa de uma armadilha. No meio do caminho, não devemos ter nenhum remorso, como o camponês que cultivou cuidadosamente sua terra. No fim, devemos ser felizes como alguém que cumpriu uma grande missão."

Gampopa

OS COMPORTAMENTOS QUE SE DEVEM ADOTAR E OS QUE DEVEM SER EVITADOS

Como aproveitar da melhor maneira esta vida humana, preciosa mas frágil, que pode ser interrompida a qualquer momento? Quando queremos realizar um projeto ou começar uma atividade qualquer, com a segurança de executá-los bem, devemos ter a certeza de que estamos agindo corretamente. Certas coisas devem ser feitas e outras evitadas. O marinheiro em alto-mar, o guia de montanha ou o artesão conscienciosos sabem que não se obtém nada de bom obedecendo a um capricho do momento, ainda mais se o objetivo desejado for livrar-se do sofrimento. Mas como saber qual é a melhor forma de proceder? Não se trata aqui de apoiar-se em um dogma para discriminar entre o "bem" e o "mal", ou de se conformar com convenções preestabelecidas. Trata-se simplesmente de respeitar com lucidez os mecanismos da felicidade e do sofrimento tal como nós mesmos podemos observá-los se formos suficientemente atentos. Enquanto estivermos com a mão no fogo, é inútil esperar não nos queimarmos. Além disso, querer de qualquer jeito saber as consequências de nossas escolhas não é, de modo algum, uma atitude criteriosa. Se é difícil prever todas as consequências de nossos atos, independentemente do que fizermos e em todas as circunstâncias, podemos pelo menos examinar nossa motivação e nos assegurar de que nosso objetivo não é somente nosso verdadeiro bem, mas, sobretudo, o bem do outro.

Meditação

Recolhamo-nos ao mais profundo de nós mesmos e reconheçamos nosso desejo de nos libertar do sofrimento e encontrar a verdadeira felicidade. Tomemos consciência do fato de que todos os seres vivos desejam a mesma coisa. Consideremos os encadeamentos de causas e consequências que fazem com que certos tipos de pensamento, de palavra e de ação – por exemplo, aqueles que são inspirados pelo ódio, pela avidez, pelo ciúme e pela arrogância – tragam o sofrimento e que outros que procedem da benevolência e da sabedoria conduzam a uma satisfação profunda. Tiremos as conclusões necessárias que concernem ao que é preciso fazer ou não, e sejamos determinados para colocá-las em prática.

Fonte de inspiração

Querendo dele escapar,
Lançamo-nos no sofrimento;

Aspiramos à felicidade, mas, por ignorância,
a destruímos como se fosse nossa inimiga.

Shantidéva[2]

2. Shantidéva, *L'Entrée dans la pratique des bodhisattvas*, Editions Padmakara, 2007, I, 28.

A INSATISFAÇÃO INERENTE AO MUNDO COMUM

Vimos anteriormente que nossa situação está longe de ser satisfatória e que uma transformação seria não somente desejável mas possível. Podemos nos distrair de mil maneiras para esquecer os aspectos insatisfatórios da existência, ou mascará-los sob todas as formas de disfarce atraentes – atividades constantes, uma quantidade de experiências sensoriais, busca da riqueza, do poder e da fama –, mas a realidade acabará sempre por voltar à tona com sua dose de sofrimento. É melhor, então, olhar a realidade de frente e decidir desenraizar as verdadeiras causas da infelicidade, cultivando as da felicidade autêntica.

Meditação

Durante alguns instantes tomemos consciência de nosso potencial de mudança. Qualquer que seja nossa situação atual é sempre possível evoluir, transformarmo-nos. Podemos, pelo menos, modificar nossa maneira de perceber as coisas e, aos poucos, nossa maneira de ser. Sejamos no mais profundo de nós mesmos determinados no sentido de nos livrar de nossa situação presente, e cultivemos o entusiasmo e a perseverança que nos permitirão desenvolver qualidades latentes.

Fonte de inspiração

"Correndo durante toda a vida atrás dos objetivos mundanos – o prazer, a vantagem, os elogios, a fama etc. –, desperdiçamos nosso tempo, tal como um pescador que joga sua rede num rio seco. Não se esqueça disso e cuide para que sua vida não se esgote em buscas vãs."

Dilgo Khyentsé Rinpotché[3]

3. Dilgo Khyentsé Rinpotché (1910-1991) foi dos mais eminentes mestres espirituais tibetanos do século XX. Ver *L'Esprit du Tibet*, Points Sagesse, Le Seuil, 1996.

MEDITAÇÃO SOBRE A CONSCIÊNCIA PLENA

Frequentemente nossa mente é levada por uma corrente de pensamentos nos quais se misturam reminiscências e projeções no futuro. Ficamos distraídos, dispersos, confusos e, por isso, desconectados da realidade imediata e mais próxima de nós. Percebemos com dificuldade o que se passa no instante em que vivemos: o mundo que nos cerca, nossas sensações, a maneira pela qual nossos pensamentos se encadeiam e, sobretudo, a consciência onipresente que nossas cogitações obscurecem. Nossos automatismos de pensamento estão no extremo oposto da consciência plena. Esta consiste em estar perfeitamente atento a tudo que surge em si mesmo e em torno de si, a cada instante, a tudo que vemos, ouvimos e pensamos. A isso se acrescenta uma *compreensão* da natureza a partir do que nós percebemos, livre das deformações que nossas atrações e rejeições provocam. A consciência plena possui igualmente um *componente ético* que permite discernir se é ou não benéfico manter esse ou aquele estado de espírito e dar prosseguimento ao que estamos fazendo no momento.

O passado não existe mais, o futuro ainda não surgiu e o presente, paradoxalmente, é ao mesmo tempo inatingível, já que ele não se imobiliza nunca, e imutável – como escrevia um físico célebre, "o presente é a única coisa que não tem fim".[4] Cultivar a consciência plena do momento presente não significa que não tenhamos de levar em conta as lições do passado, nem fazer projetos para o futuro, mas que devemos viver com lucidez a experiência atual que os engloba.

Meditação i

Observemos o que se apresenta à nossa consciência, sem lhe impor o que quer que seja, sem nos deixar atrair ou repelir. Contemplemos o que está presente diante de nós, uma flor, por exemplo, escutemos atentamente os barulhos próximos ou distantes, aspiremos os perfumes e os odores, sintamos a textura daquilo que tocamos, gravemos nossas diversas sensações, percebendo claramente o que as distingue. Estejamos inteiramente presentes ao que fazemos, seja quando estivermos cami-

4. Edwin Schroedinger, *Ma conception du monde*, Mercure de France, 1982 (traduzido de *My View of the World*, Londres, Cambridge University Press, 1922, p. 22).

nhando, assentados, escrevendo, lavando a louça ou tomando uma xícara de chá. Não há mais tarefas "agradáveis" ou "desagradáveis", pois a consciência plena não depende do que estamos fazendo, mas da maneira como fazemos, a saber com uma presença de espírito clara e tranquila, atenta e maravilhada com a qualidade do momento presente, evitando acrescentar à realidade nossas construções mentais.

Quando efetuamos essa prática, paramos de oscilar intermitentemente entre a atração e a rejeição: estamos simplesmente atentos, lúcidos, conscientes de cada percepção ou sensação, de cada pensamento que surge e desaparece em seguida.

Sintamos o frescor desse momento presente. Ele fará nascer em nós uma experiência vasta, luminosa e serena.

Fonte de inspiração

"Quando você ouvir um som durante a meditação, simplesmente preste atenção na experiência de ouvir. Somente nisso, em nada mais [...] Nenhum cinema mental. Nenhum conceito. Nenhum diálogo interior. Simplesmente os barulhos. A realidade é de uma elegância simples e sem floreio. Quando ouvir um som, fique atento ao processo de ouvir. Todo o resto é tagarelice a mais. Não dê atenção."

Bhante Henepola Gunaratna[5]

Meditação 2

O caminhar atento

Esse é um método praticado por numerosos meditadores para cultivar a consciência plena. Consiste em andar, concentrando-se totalmente em cada passo. Devemos caminhar de maneira bastante lenta para ficarmos plenamente conscientes de nossos mínimos movimentos, mas não a ponto de perder o equilíbrio.

A cada passo, tomemos consciência de nosso equilíbrio, de como colocamos nosso calcanhar no chão e em seguida todo o pé, e de como o outro pé solta do chão para se pôr um pouco mais à frente. Voltemos nossos olhos para baixo, a alguns passos diante de nós, e guardemos como principal objeto de concentração a própria marcha. Se não dispusermos de muito espaço, podemos ir e vir marcando

5. Bhante Henepola Gunaratna, *Méditer au quotidien; une pratique simple du bouddhisme*, Marabout, 2007.

uma pausa de alguns instantes cada vez que dermos meia-volta, mas permanecendo na consciência plena dessa suspensão do movimento. Podemos também combinar a marcha atenta com a consciência plena diante de tudo o que encontrarmos, virmos, ouvirmos e sentirmos, como explicaremos a seguir.

Fonte de inspiração

"Caminhar pelo simples prazer de caminhar, segura e livremente, sem se apressar. Estamos presentes a cada passo que damos. Se quisermos falar, paramos de caminhar e damos toda nossa atenção à pessoa que está diante de nós, ao fato de falar e escutar... Paremos, olhemos à nossa volta e vejamos como a vida é bela: as árvores, as nuvens brancas e a infinidade do céu. Escute os pássaros, sinta a leveza da brisa. Caminhemos como seres livres e sintamos nossos passos se tornarem leves à medida que caminhamos. Apreciemos cada passo que dermos."

Thich Nhat Hanh[6]

6. Thich Nhat Hanh, *Guide de la méditation marchée*, Editions La Bôi, Village des Pruniers, 1983.

A CALMA INTERIOR

A meditação tem por objetivo libertar a mente da ignorância e do sofrimento. Como fazer? Não basta desejá-lo. Deve-se aplicar um método sistemático que permita livrar a mente dos véus que a obscurecem. Como é a própria mente que deve se encarregar dessa tarefa, temos de estar certos de que ela é capaz de fazê-lo. Se ela não fica imóvel por um único instante, como poderia se libertar de sua ignorância? A mente é como um macaco preso por numerosos laços que não para de saltar em todos os sentidos para se soltar. Gesticula tanto que impede qualquer pessoa, e a si mesmo, de desfazer um só nó. É preciso começar por acalmá-lo, tornando-o atento. Acalmar o macaco não significa imobilizá-lo, mantendo-o acorrentado. O objetivo é aproveitar essa trégua para lhe devolver a liberdade. Utilizaremos igualmente o controle que acompanha a mente quando ela está calma, atenta, clara e maleável para libertá-la das correntes criadas pelos pensamentos vazios, pelas emoções conflituosas e pela confusão.

Os automatismos de pensamento, alimentados por nossas tendências e hábitos, assim como a distração e as fabricações conceituais que deformam a realidade, são obstáculos para alcançar esse objetivo. É preciso, então, combater essas condições desfavoráveis. Controlar a mente não significa impor-lhe novas restrições, o que a tornaria ainda mais tensa e estreita; é, ao contrário, libertá-la da influência dos condicionamentos mentais e dos conflitos interiores mantidos pelos pensamentos e pelas emoções.

Para reconhecer a verdadeira natureza da mente, é preciso, por conseguinte, tirar os véus criados pelos automatismos de pensamento. Como fazê-lo? Suponhamos que tenhamos deixado cair uma chave no fundo de um lago. Se pegarmos um bastão e remexermos o lodo, a água ficará completamente opaca e não teremos nenhuma chance de achar a chave. Devemos deixar a água decantar até que se torne límpida, só então será fácil distinguir a chave e resgatá-la. Da mesma forma, devemos começar deixando a mente ficar clara, calma e atenta. Em seguida, será possível utilizar essas novas qualidades para cultivar outras, como o amor altruísta, a compaixão, e para adquirir uma visão profunda da natureza e da mente.

Para atingir esse objetivo, todas as escolas de budismo ensinam dois tipos de meditação fundamentais e complementares: a "calma mental", chamada *shamatha* em sânscrito, e a "visão penetrante" (*vipashyana*), da qual falaremos mais tarde. *Shamatha* é o estado de espírito apaziguado, claro e perfeitamente concentrado em seu objeto. *Vipashyana* é a visão penetrante da natureza da mente e dos fenômenos, à qual se chega analisando minuciosamente a consciência, depois recorrendo à prática contemplativa, à experiência interior. *Vipashyana* permite desmascarar as ilusões e, por conseguinte, não ser mais vítima das emoções perturbadoras. Em resumo, *shamatha* prepara o terreno fazendo da mente um instrumento manejável, eficaz e preciso, enquanto *vipashyana* liberta a mente do jugo das aflições e dos véus da ignorância.

Nossa mente é, na maior parte do tempo, instável, caprichosa, desordenada, empatada entre a esperança e o medo, egocêntrica, hesitante, fragmentada, confusa, por vezes até mesmo ausente, enfraquecida pelas contradições internas e pelo sentimento de insegurança. Além disso, ela é rebelde a todo treinamento e encontra-se constantemente ocupada com sua tagarelice interior que mantém um "ruído de fundo" que mal percebemos.

Essa disfunção não é mais que uma produção da própria mente. É lógico, portanto, que ela poderá igualmente combatê-la. Esse é o objetivo da prática de *shamatha* e de *vipashyana*.

Resumindo, trata-se de passar, gradualmente, de um estado de espírito submetido às condições desfavoráveis que acabamos de descrever a um outro no qual prevalecem a atenção estável, a paz interior, a capacidade de produzir emoções, a confiança, a coragem, a abertura em direção aos outros, a benevolência e outras qualidades que caracterizam a mente vasta e serena.

Num primeiro momento, a prática de *shamatha* visa, então, a apaziguar o turbilhão de pensamentos. Para isso, nós aperfeiçoaremos nosso poder de concentração tomando como suporte alguma coisa à qual não damos muita atenção: o vaivém de nossa respiração.

Em tempos normais, com a exceção de estarmos sem fôlego por um esforço qualquer, de prender nossa respiração ou de respirar profundamente para encher nossos pulmões de ar puro, temos apenas uma leve consciência de nossa respiração.

No entanto, respirar é quase sinônimo de vida. Uma vez que respiramos sem parar, peguemos esse ato como suporte de concentração. Teremos um instrumento precioso, pois está sempre disponível; além disso, ele servirá de ponto de referência para julgar nossa distração ou nossa concentração.

Essa prática comporta três etapas indispensáveis:

1. Prestar atenção num objeto escolhido (no caso, a respiração).

2. Manter a atenção nesse objeto.

3. Estar plenamente consciente do que o caracteriza.[7]

Meditação sobre o vaivém da respiração

Assentemo-nos confortavelmente, se possível adotando a postura em sete pontos descrita antes, ou pelo menos permanecendo eretos numa posição física de equilíbrio. Aqui, a consciência plena consiste em ficarmos continuamente atentos à nossa respiração, sem esquecê-la e sem nos distrair.

Respiremos calma e naturalmente. Concentremos toda nossa atenção na respiração que vai

7. Em sânscrito, esses três componentes são chamados, respectivamente, *manaskāra, smiriti* et *samprajanna* (os termos pali equivalentes são *manasikara, sati* et *sampajanna*, e os termos tibetanos *yid la byed pa, dran pa* e *shes bzhin*).

e vem. Prestemos atenção na sensação que cria a passagem do ar pelas narinas, no lugar em que percebemos o ar com mais acuidade. Conforme o caso, será a entrada do nariz, ou um pouco mais no interior, ou ainda mais alto, na curvatura. Notemos igualmente o momento em que a respiração é suspensa, entre a expiração e a inspiração seguinte. Depois, inspirando, concentremo-nos de novo no ponto por onde sentimos o ar passar. Notemos, da mesma forma, o momento em que a respiração para um segundo entre essa inspiração e a expiração seguinte.

Concentremo-nos de maneira idêntica no ciclo seguinte, e assim por diante, respiração após respiração, sem nenhuma tensão, mas também sem relaxar a ponto de mergulhar no torpor. A consciência da respiração deve ser límpida e serena. Buda utilizava a imagem da chuva que dissipa as massas de poeira levantadas pelo vento para dar lugar ao céu puro e luminoso. A poeira representa a agitação e a confusão mental, a tempestade benéfica é a concentração sobre a respiração e o ar puro, a calma e a clareza interiores.

Não modifiquemos intencionalmente o ritmo de nossa respiração. Ela ficará, sem dúvida, mais lenta, mas isso deve acontecer naturalmente. Seja a nossa respiração longa ou curta, o importante é estarmos simplesmente conscientes desse fato.

Cedo ou tarde, cairemos na distração acompanhada de uma proliferação de pensamentos ou num estado vago de semissonolência, ou ainda na combinação dos dois, quer dizer, num estado confuso atravessado por uma sequência de pensamentos errantes. É nesse ponto que devemos intervir: quando nos dermos conta de que nossa concentração se perdeu, devemos retomá-la simplesmente, sem agravar isso com remorso ou culpa. Retornemos à respiração, como a borboleta que volta a uma flor após ter voado de um lado para o outro, sem razão aparente.

Quando alguns pensamentos surgem, não tentemos evitá-los – o que não seria possível, pois já estão presentes –, evitemos simplesmente alimentá-los. Deixemos que atravessem o campo de nossa consciência como um pássaro que passa no céu sem deixar rastro.

Às vezes, poderemos também, durante alguns instantes, escolher a própria distração como objeto de concentração. Depois, logo que nossa mente estiver novamente atenta, voltaremos nossa atenção para a respiração.

Se outras sensações físicas aparecerem, por exemplo uma dor por termos ficado muito tempo sentados na mesma posição, não fiquemos irritados, não deixemos que ela nos vença. Devemos incluí-la na consciência plena, depois voltemos à observação da respiração. Se a dor aumentar a ponto de perturbar a meditação, é preferível relaxar um pouco ou, então, praticar a "caminhada consciente", em seguida retomar a meditação sobre a respiração com uma mente disposta e uma concentração mais viva.

Variante 1

Um método para reavivar a concentração quando ela se torna muito tênue consiste em contar as respirações. Pode-se, por exemplo, contar mentalmente "um" no fim de um ciclo completo de respiração, quer dizer, inspiração e expiração, depois "dois" no fim do ciclo seguinte, e assim por diante, até dez, e recomeçar, então, a partir de "um". Essa maneira de proceder nos ajuda a manter a atenção. Se preferirmos, podemos também contar "um" no fim da inspiração e "dois" no fim da expiração. Esses métodos e os seguintes podem ser aplicados de vez em quando, conforme a necessidade, mas não é necessário contar as respirações durante todo o tempo da meditação.

Variante 2

Outra maneira de proceder consiste em repetir mentalmente e bem rapidamente 1,1,1,1,1,1,1..., durante toda a inspiração, depois, da mesma maneira, 2,2,2,2,2,2,2..., durante a expiração. Para o ciclo seguinte, contaremos 3,3,3,3,3,3,3... inspirando e 4,4,4,4,4,4,4... expirando. Prosseguiremos assim até dez, depois começa um novo ciclo. Pode-se, também, contar rapidamente de um a dez durante a inspiração e fazer o mesmo com a expiração. Existem, então, diversas maneiras de contar que encontraremos nos textos mais detalhados citados no fim do livro. Todos têm por objetivo refrescar a concentração quando se cai na sonolência ou na distração.

Variante 3

Em vez de observar unicamente a respiração, podemos nos concentrar nos movimentos de vaivém do abdome ou dos pulmões que acompanham a respiração.

Variante 4

É também possível associar uma frase simples ao vaivém da respiração. Expirando, por exemplo, diremos mentalmente: "Possam todos os seres ser felizes", e inspirando: "Que todos os seus sofrimentos desapareçam".

Variante 5

Os que praticam a recitação de mantras podem combinar a recitação silenciosa com a atenção dada à respiração. Se pegarmos como exemplo o mantra "*Om mani padmé hung*",[8] que Buda usava para a compaixão (*Avalokiteshvara*), recitaremos "*om*" inspirando, "*mani padmé*" expirando e "*hung*" entre os dois.

Variante 6

Normalmente, não se deve influenciar o vaivém da respiração nem demorar no intervalo entre inspiração e expiração. Mas, nessa variante, concentramo-nos alguns instantes no ponto de suspensão da respiração, quer dizer, no momento em que a respiração desvanece no fim da expiração. É também o ponto em que os pensamentos discursivos estão temporariamente suspensos. Durante esse breve momento, permaneçamos em repouso nesse espa-

8. Um mantra não é geralmente construído como uma frase tendo um sentido literal. Aqui "*Om*" é a sílaba que abre o mantra e lhe confere um poder de transformação. "*Mani*" ou "*joyau*" refere-se à joia do amor altruísta e da compaixão. "*Padmé*", gerúndio de *pad*ma ou "*lotus*", diz respeito à natureza fundamental da consciência, nossa "bondade original", que, à maneira de um lótus que cresce imaculado sobre um lodaçal, permanece intacta mesmo quando se encontra no meio dos venenos mentais que fabricamos. "*Hung*" é uma sílaba que confere ao mantra sua força de realização.

> ço límpido, serenos e livres de construções mentais. Sem, contudo, querer conceituar essa experiência, devemos reconhecer que ela representa um aspecto fundamental de nossa mente, que está sempre presente por trás da cortina dos pensamentos.

Essas diversas variantes podem ser praticadas como melhor nos convier com o objetivo de melhorar nossa concentração.

A CONCENTRAÇÃO EM UM OBJETO

Há muitas outras formas de cultivar a concentração e a calma mental. Há dois métodos, conforme se recorre ou não a um objeto. Esse objeto pode ser o vaivém da respiração, como acabamos de ver, mas também outras sensações físicas, uma forma exterior ou uma imagem que visualizamos. Podemos escolher um objeto exterior totalmente comum: uma pedra, uma flor ou a chama de uma vela, por exemplo. Como no caso da respiração, o treinamento consiste em deixar a mente repousar atentamente sobre o objeto desejado, e levá-la de volta a ele, ao percebermos que nos distraímos.

O objeto pode ser uma representação simbólica ou figurativa associada ao caminho espiritual, por exemplo, uma pintura ou uma estátua de Buda. Começaremos concentrando-nos bastante na representação mental desse suporte. Eis aqui, resumidas, as instruções orais dadas por Dilgo Khyentsé Rinpotché sobre esse assunto:

Meditação

Assente-se na postura de sete pontos. Deixe sua mente se acalmar por alguns instantes, depois visualize o Buda Shakyamouni no espaço à sua frente. Está assentado sobre um disco lunar, o qual repousa sobre um lótus e sobre um trono sustentado por oito leões. Seu corpo resplandece como uma montanha de ouro. Com a mão direita, ele toca o chão perto de seu joelho direito, fazendo o gesto de tomar a terra como testemunha. Sua mão esquerda repousa em seu seio, num gesto de serenidade, e segura uma tigela de esmola cheia de néctar. Está vestido com três vestimentas monásticas e do seu corpo emanam infinitos raios de luz de sabedoria e de compaixão que preenchem o universo. Dê vida a essa imagem. Pense que o Buda que você está visualizando não é inerte como um desenho ou uma estátua. Também não é feito de carne e osso: seu corpo é luminoso e transparente como um arco-íris, radiante de sabedoria e compaixão.

Concentre-se inteiramente na visualização, cada detalhe sendo o mais nítido possível. Preste atenção na forma oval perfeita do rosto, nos olhos impregnados de sabedoria e de amor, no nariz e nas orelhas de proporções harmoniosas, no sorriso e nos raios de luz que emanam de seu corpo. Estenda progressivamente sua concentração a todos os detalhes da forma do Buda, de cima para baixo e de baixo para cima, com a minúcia de um pintor.

Para firmar sua concentração, neutralize imediatamente tudo o que possa perturbar sua mente. Se sua mente estiver agitada, se seus pensamentos acelerarem e o impedirem de obter uma imagem clara, abaixe ligeiramente o olhar, que está normalmente fixando o espaço, para se concentrar na parte inferior do Buda: as pernas cruzadas, o trono sustentado pelos leões, ou o assento de lótus. Sua agitação mental diminuirá.

Se sua mente mergulhar no torpor, no relaxamento ou em uma morna indiferença, levante o olhar e concentre-se na parte superior de sua visualização: o rosto de Buda, seus olhos, o ponto entre as sobrancelhas.

Se sua visualização não for clara, tente incansavelmente torná-la mais fina e precisa. Se for clara, concentre-se nela de forma natural, sem tensão.

Quando sua mente se tornar estável e calma, examine-a. Compreenda que a imagem que você visualiza não é o próprio Buda, mas uma projeção de sua mente cujo objetivo é cultivar a concentração. Ainda que a mente tenha a faculdade de se concentrar em um objeto, se você tentar vê-lo como ele é verdadeiramente, não o descobrirá em parte alguma. É impossível localizar a mente, identificar seus contornos, sua cor, sua forma, de onde vem, onde ela está ou para onde vai: você nunca encontrará nada. A mente não é uma identidade autônoma que possa ser identificada como tal.

O mesmo acontece com o corpo. O que chamamos de "corpo" é apenas uma junção de elementos. Qualificamos de "pilha" um amontoado de grãos, de "feixe" tiras de palha amarradas juntas, e de "multidão" um ajuntamento de pessoas, mas essas designações não se referem a nenhuma entidade que existe em si e por si mesma. Da mesma forma, se você considerar esse conjunto chamado "corpo", tirando dele a pele, a carne, a medula, os ossos e os diferentes órgãos, nada restará que possamos identificar como corpo.

Na verdade, todos os fenômenos do universo aparecem em sua infinita variedade como o resultado de um concurso temporário de causas e de condições específicas.

Consideramos esses fenômenos como reais porque não os examinamos cuidadosamente. Na realidade, eles são desprovidos de qualquer existência intrínseca.

Quando você sentir claramente que seu corpo, o Buda de sua visualização e todos os fenômenos são uma manifestação da mente e que, por natureza, a mente não é uma entidade dotada de existência própria, mas um fluxo dinâmico de experiências, permaneça simplesmente no estado natural da mente desprovido de qualquer artifício. Quando os pensamentos surgirem, tome consciência deles, sem impedi-los nem encorajá-los. É o que chamamos de visão profunda. Deve-se, assim, unir a calma mental, *shamatha*, e a visão profunda, *vipashyana*.

A CONCENTRAÇÃO SEM OBJETO

À primeira vista, pode parecer que a meditação informal e sem objeto seja mais fácil do que a meditação com objeto. Na verdade, é mais difícil manter sua mente clara e concentrada em si mesma num estado de consciência plena do que se concentrar em qualquer coisa. A razão disso é que é difícil "não pensar em nada".

A concentração em um objeto implica uma certa atividade mental ligada à atenção, e, mesmo sendo difícil manter essa concentração, é mais fácil do que deixar sua mente num estado de perfeita simplicidade, sem nenhuma construção mental. Assim sendo, a concentração sem objeto é o fim natural da concentração com objeto e representa um passo a mais em direção à compreensão da natureza fundamental da mente pela experiência direta.

Meditação

Voltemos nossa mente para o interior e deixemos que ela contemple sua qualidade primeira que é a de simplesmente "conhecer". Essa faculdade, a consciência plena em estado puro, ilumina todo pensamento e toda percepção. É uma qualidade constante e fundamental do fluxo da consciência. Podemos fazer essa experiência mesmo na ausência de pensamentos e imagens mentais. Tentemos identificar esse aspecto primordial de toda experiência, depois deixemos nossa mente repousar alguns instantes nessa consciência plena não dual, clara, lúcida, desprovida de conceitos e de pensamentos discursivos.

Fonte de inspiração

Presença transparente, infinita abertura,
Sem fora nem dentro;
Toda envolvente,
Sem fronteira nem direção.

Imensidão infinita da vista,
Verdadeira condição do espírito,

Tal como o espaço do céu,
Não tem nem centro nem periferia,
Nem referência.

Shabkar

VENCER OBSTÁCULOS

Todo treinamento implica esforços e toda mudança encontra naturalmente resistência. No caso do treinamento da mente e da meditação, diferentes obstáculos podem diminuir o ritmo de nossa progressão. As instruções tradicionais sobre a meditação incluem nesses obstáculos a preguiça, a inércia e seu contrário, a agitação distraída, assim como a falta de perseverança e seu oposto, o esforço excessivo.

A *preguiça*, que se aproxima da indolência e da falta de motivação, pode tomar várias formas. A preguiça comum é o defeito de todos aqueles que rejeitam qualquer esforço. Seu antídoto consiste em lembrar o valor da existência humana, de cada instante que passa, e em contemplar os benefícios da transformação interior. Essas reflexões permitem reavivar a inspiração e o entusiasmo.

Outra forma de preguiça consiste em pensar: "Isso não é para mim, está além de minha capacidade, prefiro não me comprometer". Em suma, renuncia-se à corrida antes mesmo de atravessar a linha de partida. Para nos opor a esse obstáculo, estimemos o potencial de transformação que existe em nós e encaremos o sentido da existência sob um ponto de vista mais amplo.

Terceira forma de preguiça: não ter a determinação de realizar, em primeiro lugar, aquilo que se sabe ser o mais importante e, em vez disso, dilapidar seu tempo em atividades menores. Para combater tal atitude, devemos estabelecer uma hierarquia em nossas preocupações, e nos lembrar de que nosso tempo é contado, enquanto nossas atividades comuns não têm mais finalidade do que as ondas no oceano.

A *distração* é o parasita mais comum da meditação. Qual praticante não foi vítima dela? Ela é totalmente normal, uma vez que empreendemos essa prática com uma mente indisciplinada e caótica; não podemos esperar que ela se acalme logo de início. Não há, então, nenhuma razão para se desesperar. O objetivo da meditação é exatamente tornar a mente flexível e manejável, concentrada ou descontraída e, sobretudo, livre da influência das aflições mentais e da confusão. O antídoto para as aflições mentais e para a confusão é cultivar a vigilância e, cada vez que percebermos que nossa mente está vagando, trazê-la de volta, incansavelmente, para o objeto da meditação. Lembremo-nos da razão pela qual estamos meditando. Nosso objetivo não é perder tempo deixando vagar os pensamentos, mas utilizar esse tempo da melhor forma para estabelecer as condições de uma verdadeira felicidade partilhada.

A *inércia* e a *agitação* são também dois obstáculos maiores que levam a perder o fio da meditação. A inércia prejudica a clareza da mente, e a agitação, sua estabilidade. A primeira pode ir de um simples peso na mente ao sono, passando pela letargia, tédio, devaneio ou qualquer outro estado mental vago e nebuloso.

Essa falta de clareza é um grande obstáculo já que desejamos utilizar a concentração para melhor compreender a natureza da mente. Como explica Bokar Rinpotché, um mestre da meditação contemporânea: "Quando em pleno dia contemplamos o mar, vemos, através da água clara, as pedras e algas do fundo. A meditação deve possuir essa mesma qualidade clara que permite estar plenamente consciente da situação de nossa mente. À noite, entretanto, a superfície das ondas é uma massa escura e opaca que não deixa penetrar o olhar, assim como a mente pesada e sombria, apesar de sua aparência estável, impede de meditar".[9]

Para se opor a esse estado, é aconselhável adotar uma postura mais ereta e firme, olhar mais para o alto, para o espaço diante de si, e usar menos roupas, caso se esteja vestido demais. É preciso estimular sua atenção e dar ênfase à consciência plena do momento presente.

A agitação é uma forma de distração hiperativa na qual a mente produz em cadeia pensamentos mantidos pelos automatismos e pela imaginação. Essa agitação febril não cessa de nos afastar de nosso objeto de concentração. Estamos assentados tranquilamente, mas nossa mente dá a volta ao mundo. Nesse caso, relaxemos um pouco nossa postura física, abaixemos o olhar e recobremos nosso sentido lembrando por que estamos ali e qual é o objetivo de nossos esforços.

9. Bokar Rinpotché, *La Méditation, conseils aux débutants*, Editions Claire Lumière, 1999, p. 73.

Todo treinamento requer esforços regulares. A *falta de perseverança* diminui consideravelmente os efeitos da meditação e enfraquece seu poder de nos transformar. Assim como notamos no início, um grande esforço não tem, às vezes, o mesmo efeito benéfico de um esforço menos espetacular, mas contínuo.

Não bastará para transformar a mente de maneira profunda e duradoura.

E ainda é preciso lutar contra essa fraqueza, refletindo sobre o valor do tempo que passa, sobre a incerteza acerca da duração de nossa vida e sobre os benefícios do treinamento que assumimos.

Podemos, também, cair momentaneamente no excesso contrário, no *esforço excessivo*, pelo fato de termos combatido a displicência além do necessário. A tensão que resulta desse fato acaba nos desviando da própria meditação. Devemos, então, equilibrar nossos esforços, ou seja, conservar um meio-termo entre tensão e relaxamento, como Buda havia aconselhado ao tocador de *vina* do qual falamos, e cessar de aplicar um antídoto quando não é mais preciso, deixando a mente repousar calmamente em seu estado natural.

O esforço excessivo pode também vir da impaciência ou da exaltação, dois estados que não levam a nada. Se, para subir uma montanha alta, começarmos a correr, teremos de parar logo, com os pulmões pegando fogo. Da mesma forma, se dobrarmos muito um arco, ele se quebrará, e, se pusermos a comida no fogo muito forte, ela queimará em vez de cozinhar.

Exigir um resultado imediato é próprio do capricho ou da preguiça. O Dalai Lama diz com humor: "No Ocidente, as pessoas são, por vezes, muito apressadas. Elas gostariam de atingir o Despertar de maneira rápida e fácil e, se possível, sem grande custo!". Da mesma forma que é preciso paciência para chegar à colheita – de nada serve forçar a muda para fazê-la crescer mais depressa! –, a constância é indispensável para a prática da meditação.

Os textos de meditação ensinam nove métodos para cultivar a atenção, estabelecer a serenidade mental e tornar a mente mais estável. Lembremos que, nesse caso, a consciência plena consiste em que se permaneça continuamente atento ao objeto de concentração escolhido.

1. Concentrar a mente, ainda que *de maneira breve* no início, num objeto, conforme as instruções, evitando que ela se deixe levar pelas imagens ou pelos pensamentos discursivos.

2. Situar a mente *continuamente* sobre esse objeto, durante um período de tempo maior, sem se distrair. Para consegui-lo, temos de nos lembrar claramente dos ensinamentos de como manter a mente concentrada no seu suporte, guardá-los na memória e colocá-los em prática com cuidado.

3. Trazer a mente *de volta* ao seu objeto cada vez que percebermos que a distração a afastou dele. Para isso, temos de reconhecer que a mente esteve distraída, identificar a emoção ou o pensamento que provocou essa distração e utilizar o antídoto apropriado. Pouco a pouco, tornamo-nos capazes de mantê-la calma e estável durante longos períodos de tempo, tendo uma concentração mais clara.

4. Situar a mente *com cuidado*: quanto mais firme é a mente, mais ela é concentrada, mais tendência temos para meditar. Mesmo se a atenção ainda não for perfeita, conseguiremos não

perder mais completamente o suporte da meditação e nos livramos das formas mais perturbadoras da agitação mental.

5. *Controlar a mente*: quando a concentração mergulha no torpor, reavivamos a acuidade, a clareza da presença atenta e renovamos a inspiração e o entusiasmo considerando os benefícios da concentração perfeita (*samadhi*) .

6. *Acalmar a mente*: quando a acuidade se torna muito restritiva e a concentração é abalada pela agitação mental sutil que toma a forma de uma pequena conversação discreta por trás da atenção, o fato de se considerarem os perigos da agitação e da distração acalma a mente, tornando-a clara e límpida, à imagem de um som puro emitido por um instrumento de música bem afinado.

7. *Pacificar completamente* a mente recorrendo à atenção sustentada e entusiasta a fim de abandonar todo apego às experiências meditativas. Estas podem revestir vários aspectos, tais como a felicidade, a clareza ou a ausência de pensamentos discursivos, e se manifestar também por movimentos espontâneos de alegria e de tristeza, de confiança inabalável ou de medo, de exaltação ou de desânimo, de certeza ou de dúvida, de renúncia às coisas deste mundo ou de paixão, de devoção intensa ou de vistas negativas. Todas essas experiências podem surgir sem razão aparente. Elas são o sinal de que mudanças profundas estão acontecendo em nossa mente. Precisamos evitar nos identificar com essas experiências e não lhes dar mais importância do que às paisagens que vemos desfilar pela janela de um trem.

Graças à atenção perfeitamente pacificada, essas experiências esmaecerão por si mesmas sem perturbar a mente, e esta conhecerá, então, uma profunda paz interior.

8. *Manter a atenção concentrada em um ponto*: depois de eliminar a inércia e a agitação mental, manter a atenção estável e clara em um ponto durante uma sessão de meditação. A mente é como uma lâmpada protegida do vento cuja chama, estável e luminosa, clareia com o máximo de sua capacidade. Basta um mínimo esforço para estabelecer a mente no fluxo da concentração em que ela se mantém, em seguida, sem dificuldade, permanecendo em seu estado natural, livre de restrições e perturbações.

9. *Repousar num estado de perfeito equilíbrio*: quando a mente está plenamente familiarizada com a concentração em um único ponto, ela permanece num estado de serenidade que acontece espontaneamente e se perpetua sem esforço.

A PROGRESSÃO DA CALMA INTERIOR

Gradualmente, a mente se acalma. Entretanto, no início, acontece exatamente o contrário. Quando tentamos acalmar a mente, temos a impressão de ter mais pensamentos do que antes. Na verdade, não foi o seu número que aumentou, nós é que, de repente, tomamos consciência de sua proliferação. Mencionamos que não é possível nem desejável bloquear os pensamentos. É importante, contudo, controlar seu processo se quisermos eliminar as causas do sofrimento e permitir o desabrochar da felicidade autêntica. Os automatismos do pensamento só reforçam nossa dependência em relação às causas do sofrimento, enquanto a meditação regular, longe de criar uma espécie de entorpecimento ou de abolir qualquer espontaneidade, conduz à liberdade que acompanha o controle da mente e a paz interior. Os textos budistas ilustram a pacificação do turbilhão de pensamentos através da metáfora de uma cascata ruidosa que aos poucos se acalma, à medida que percorre a planície, para encontrar, finalmente, o vasto oceano. Essa progressão da meditação comporta cinco etapas e é ilustrada por cinco imagens:

- a cascata que se joga de uma falésia: os pensamentos se

encadeiam sem descontinuidade; eles parecem mais numerosos porque tomamos consciência dos movimentos da mente;

- a torrente que despenca dos desfiladeiros: a mente alterna períodos de repouso e de atividade;
- o largo rio que corre sem dificuldade: a mente se agita quando é perturbada pelos acontecimentos, caso contrário, permanece calma;
- o lago agitado por algumas ondas: a mente é suavemente agitada na superfície, mas permanece calma e presente em profundidade;
- o oceano calmo: a concentração inabalável e sem esforço não precisa mais recorrer aos antídotos contra os pensamentos errantes.

Uma tal progressão não se realiza em um dia, nem mesmo em algumas semanas, porém, mais cedo ou mais tarde, chega o momento em que se constata um real progresso. Sabemos que são necessários tempo e perseverança para dominar uma arte, um esporte, uma língua ou qualquer outra disciplina. Por que seria diferente com o treinamento da mente? A aventura vale a pena: não se trata de adquirir uma aptidão comum, mas um domínio e uma maneira de ser que determinarão a qualidade de nossa vida inteira.

Fonte de inspiração

No início, nada vem,
No meio, nada resta,
No final, nada parte.

Milarépa

MEDITAÇÃO SOBRE O AMOR ALTRUÍSTA

Todos nós tivemos, em graus diferentes, a experiência de um profundo amor altruísta, de uma grande benevolência, de uma compaixão intensa pelos que sofrem. Certos seres são mais altruístas que outros, chegando às vezes ao heroísmo. Outros são mais fechados em si mesmos, têm dificuldade de considerar o bem do outro como um objetivo essencial, e ainda mais em deixá-lo passar na frente de seu interesse pessoal. Entretanto, é indispensável cultivar o altruísmo, pois ele nos permite não somente fazer o bem aos outros, mas também representa para nós mesmos a maneira de ser mais satisfatória possível. O sentimento exacerbado da importância de si mesmo só causa tormento.

De maneira geral, ainda que os pensamentos altruístas surjam em nossa mente, são rapidamente substituídos por outros, menos nobres, como a cólera e o ciúme. Por isso, se quisermos que o altruísmo predomine em nós, temos de levar algum tempo cultivando-o, pois, também nesse caso, um simples desejo não basta.

Meditar, como vimos, é familiarizar-se com uma nova maneira de ser. Como vamos meditar sobre o altruísmo? Precisamos, antes de tudo, tomar consciência de que, no mais profundo de nós, tememos o sofrimento e aspiramos à felicidade. Uma vez reconhecida essa aspiração, temos de nos conscientizar do fato de que todos os seres compartilham esse sentimento. E que o direito de não sofrer, tão frequentemente vilipendiado, é sem dúvida o direito mais fundamental entre os seres vivos. Enfim, devemos pensar que existe um remédio para esse sofrimento. É possível sentir de maneira mais positiva as dores físicas – com as quais todos nós somos inexoravelmente confrontados – para que tenhamos menos sofrimentos morais. Estes últimos podem ser gradualmente eliminados.

Infelizmente, quando se trata de escolher os meios de fundamentar a felicidade e de prevenir o sofrimento, somos muito inábeis, quando não nos enganamos totalmente. Alguns caem nas mais profundas aberrações e procuram cegamente sua felicidade provocando o sofrimento alheio. Seria absurdo desejar a um ditador sanguinário ter sucesso em seus funestos empreendimentos em nome de um altruísmo mal compreendido. Em contraposição, podemos certamente desejar que ele se liberte do ódio que o incita a prejudicar os outros e a construir acessoriamente sua própria infelicidade. Trata-se aqui de um altruísmo bem compreendido, pois esta última aspiração visa realmente ao bem de todos os seres. Desejemos, sem reserva, que cada um dos seres sensíveis se liberte das causas do sofrimento. Com essa intenção, os textos budistas aconselham cultivar quatro pensamentos ou atitudes particulares, e ampliá-los sem limites. Trata-se do amor altruísta, da compaixão, da alegria diante da felicidade do outro e da imparcialidade.

Meditação

O amor altruísta

Imaginemos uma criança que se aproxima de nós e nos olha feliz, confiante e cheia de inocência. Acariciamos sua cabeça contemplando-a com ternura e a pegamos no colo, enquanto sentimos um amor e uma benevolência incondicionais. Deixemos nos impregnar desse amor que só quer o bem dessa criança. Permaneçamos por alguns instantes na consciência plena desse amor, sem nenhum outro pensamento.

Podemos também escolher qualquer outra pessoa pela qual temos grande ternura e um profundo reconhecimento, nossa mãe, por exemplo. Desejemos com toda nossa força que ela encontre a felicidade e as causas da felicidade, depois estendamos esse pensamento a todos que nos são próximos, depois àqueles que conhecemos menos, em seguida, progressivamente, a todos os seres. Enfim, desejemos o mesmo a nossos inimigos pessoais e aos inimigos de toda a humanidade. Neste último caso, não quer dizer, evidentemente, que lhes desejamos sucesso em seus projetos funestos. Desejamos que eles abandonem seu ódio, sua avidez, sua crueldade ou sua indiferença, e que a benevolência e a preocupação com a felicidade do outro nasçam em sua mente. Quanto mais grave é a doença, mais o doente precisa de cuidados, de atenção e de boa vontade.

Abracemos assim a totalidade dos seres num sentimento de amor ilimitado.

A compaixão

Imaginemos agora que um ser que amamos é vítima de um acidente, à noite, na estrada. Ele está ensanguentado no acostamento, entregue a dores atrozes. O socorro tarda a chegar e não sabemos o que fazer. Sentimos intensamente o sofrimento dessa pessoa próxima como se fosse nosso, misturado a um sentimento crescente de angústia e de impotência. Essa dor nos atinge no âmago, a ponto de se tornar quase insuportável. O que fazer?

Nesse momento, deixemo-nos levar por um imenso sentimento de amor por essa pessoa. Nós a tomamos em nossos braços. Imaginemos que ondas de amor emanam de nós e se derramam sobre ela. Imaginemos que cada átomo de sofrimento é substituído por um átomo de amor. Desejemos do fundo do coração que ela sobreviva, que se cure e pare de sofrer.

Esse sentimento de compaixão provém da mesma fonte de amor altruísta e não é mais do que o amor aplicado ao sofrimento.

Em seguida, estendamos essa compaixão a outras pessoas que nos são caras, depois, pouco a pouco, ao conjunto dos seres, formulando do fundo do coração esse desejo: "que todos os seres possam se libertar do sofrimento e das causas de seus sofrimentos".

O júbilo

Há também, neste mundo, pessoas que possuem imensas qualidades, outras que enchem a humanidade de benefícios e cujos projetos foram coroados de sucesso.

Outros realizaram seus desejos a custo de grande esforço e de uma perseverança tenaz, e outros ainda possuem múltiplos talentos.

Alegremo-nos do fundo do coração com suas realizações, desejemos que suas qualidades não declinem, ao contrário, só aumentem. Essa faculdade de se sentir feliz com os aspectos positivos do outro é o melhor antídoto contra o desânimo e a visão sombria e desesperada do mundo e dos seres. É também o remédio para a inveja e o ciúme, sentimentos que refletem uma incapacidade de alegrar-se com a felicidade do outro.

A imparcialidade

A imparcialidade é um componente essencial das três meditações precedentes, pois o desejo de que todos os seres se libertem do sofrimento e de suas causas deve ser universal e não depender nem de nossos interesses pessoais nem da maneira como os outros nos tratam. Adotemos o olhar do médico que fica contente em ver os outros com boa saúde e que se preocupa com a cura dos doentes, não importa quem sejam.

Tomemos consciência do fato de que todos os seres, sem exceção, sejam eles próximos, estranhos ou inimigos, desejam evitar o sofrimento.

Pensemos igualmente na interdependência fundamental de todos os fenômenos do universo e de todos os seres que o povoam. A interdependência é o próprio fundamento do altruísmo. À imagem do sol, que brilha de maneira igual sobre os bons e os maus, sobre uma bela paisagem como sobre um monte de lixo, façamos o melhor que pudermos para estender a todos os seres, sem distinção, o amor altruísta, a compaixão e a alegria que cultivamos nas três meditações precedentes.

Lembremos uma vez mais que, no caso de nossos adversários e dos inimigos da humanidade inteira, não se trata de encorajá-los nem de tolerar passivamente sua atitude e seus atos nocivos, mas de considerá-los como seres muito doentes, ou como loucos. E, com a mesma benevolência que temos para com os nossos próximos, desejemos que os sentimentos perniciosos que os dominam sejam erradicados de sua consciência.

Como combinar essas quatro meditações

Comecemos pelo amor altruísta, o desejo ardente de que os seres encontrem a felicidade e as causas da felicidade. Se, no fim de um certo tempo, esse amor derivar para o apego egocêntrico, passemos a meditar sobre a imparcialidade, a fim de estender nosso amor e nossa compaixão a todos os seres – próximos, desconhecidos ou inimigos – de maneira igual.

Se nossa imparcialidade se transformar em indiferença, devemos pensar naqueles que sofrem e sentir intensa compaixão, fazendo votos de consolar esses seres de todos os seus sofrimentos. Pode acontecer, contudo, que, por vermos continuamente os males dos outros, sejamos dominados por um sentimento de impotência e de prostração, até mesmo de desespero, a ponto de nos sentir sufocados pela imensidão da tarefa, perdendo assim a coragem.

Meditemos, então, sobre a alegria diante da felicidade do outro pensando naqueles que possuem grandes qualidades humanas, naqueles cujas aspirações altruístas são coroadas de sucesso, naqueles que conhecem profundas satisfações na existência, e alegremo-nos plenamente.

Se essa alegria se transformar em euforia cega e em distração, passemos novamente ao amor altruísta, e assim por diante. Dessa maneira, desenvolvemos esses quatros pensamentos, um de cada vez, evitando cair em seus possíveis desvios.

No fim de nossa meditação, contemplemos durante alguns instantes a interdependência de todas as coisas. Assim como um pássaro precisa de duas asas para voar, devemos desenvolver simultaneamente a sabedoria e a compaixão. A sabedoria corresponde aqui a uma melhor compreensão da realidade, e a compaixão ao desejo de que os seres se libertem das causas do sofrimento.

Fonte de inspiração

"O amor altruísta é o sentimento espontâneo de estar ligado a todos os outros seres. O que você sente, eu também sinto. O que eu sinto, você sente. Não há diferença entre nós [...] Quando comecei a praticar a meditação da compaixão, observei que minha sensação de isolamento começou a atenuar-se, ao mesmo tempo que sentia, de mais a mais, uma impressão de força. Onde antes só via problemas, passei a enxergar apenas soluções. Eu que considerava minha felicidade mais importante que a dos outros, comecei a perceber o bem-estar alheio como o próprio fundamento de minha paz interior."

Yongey Mingyour Rinpotché[10]

"Não paro de repetir essa experiência interior: não há nenhum elo de causalidade entre o comportamento das pessoas e o amor que sentimos por elas.

O amor ao próximo é como uma oração elementar que nos ajuda a viver."[11]

Etty Hillesum

Possa eu ser o protetor dos seres sem proteção
E o guia daqueles que estão na estrada,
A balsa, o navio e a ponte daqueles que querem
[chegar à outra margem!
Possa eu ser uma ilha para os que procuram uma ilha,
Uma lâmpada para os que querem a luz,
Um abrigo para os que querem um abrigo
E um servo de todos que procuram um servo!
Possa eu ser para todos o cristal mágico, o jarro
[de água encantado,
A fórmula de ciência e a panaceia,

10. Yongey Mingyour Rinpotché, *op. cit.*
11. Etty Hillesum, *Une vie bouleversée*, Le Seuil, Points, 1995, p. 308.

A árvore que engloba todos os desejos
E a vaca de teta inesgotável!
Como a terra e os outros elementos,
Possa eu continuar, na escala do espaço,
A ser a fonte que supre as múltiplas necessidades
Da multidão insondável dos seres!
Possa eu assim prover as necessidades dos seres
Até o fim do espaço, em todo lugar, em todo tempo,
Até que todos atinjam o nirvana!

Shantidéva[12]

Enquanto durar o espaço,
Enquanto houver seres,
Possa eu também permanecer
Para dissipar o sofrimento do mundo.

Shantidéva[13]

12. Shantidéva, *op. cit.*, III, 18-22.
13. Shantidéva, *op. cit.*, X, 55.

UMA SUBLIME TROCA

Um profundo sofrimento pode, por vezes, despertar nossa mente e nosso coração, abrindo-os aos outros. Para que essa abertura se torne um estado permanente, existe uma prática particular que consiste em trocar mentalmente, por meio da respiração, o sofrimento do outro pela nossa felicidade, e desejar que nosso sofrimento seja substituído pelo dos outros.

Podemos achar que já temos problemas suficientes e que seria pedir demais aumentar nosso fardo, tomando para nós o sofrimento dos outros. No entanto, acontece o contrário. A experiência mostra que, quando assumimos, transformamos e diluímos mentalmente o sofrimento dos outros pela compaixão, nosso sofrimento, em vez de aumentar, diminui. A razão é que o amor altruísta e a compaixão são os antídotos mais poderosos para nossos próprios tormentos. Trata-se, então, de uma situação em que todos são ganhadores! Por outro lado, a contemplação egocêntrica de nossas próprias dores, reforçada pelo eterno estribilho "eu, eu, eu" que ressoa em nós, mina nossa coragem e só aumenta nossa desgraça. Quebrando a carapaça do egocentrismo, a contemplação altruísta do sofrimento dos outros multiplica por dez nossa coragem.

Essa prática da troca é um meio particularmente eficaz de desenvolver o altruísmo e a compaixão pela meditação. Quando nos confrontarmos com o sofrimento dos outros, seremos naturalmente compassivos, socorrendo-os.

Meditação

Comecemos sentindo um forte amor altruísta em relação a uma pessoa que foi muito boa para nós, nossa mãe, por exemplo. Vamos refletir sobre sua bondade: ela nos deu a vida após ter vivenciado as dificuldades da gravidez e as dores do parto; à medida que crescemos, tomou conta de nós sem medir esforços e, com nossa felicidade prevalecendo sobre a sua, esteve sempre pronta a sacrificar tudo por nós.

Para que surja em nós uma forte compaixão, imaginemos que nossa mãe enfrenta intensos sofrimentos, encontra-se privada de tudo, que morre de fome e sede e que é maltratada por seres ruins. Podemos imaginar ainda outras situações dolorosas com as quais ela é confrontada, ela ou qualquer outra pessoa que escolhemos como objeto de meditação: uma criança, um amigo fiel, um animal que nos é caro.

Enquanto somos invadidos por um sentimento de empatia dolorosa, quase intolerável, diante do sofrimento desse ser, deixemos surgir em nós um forte sentimento de compaixão. Depois, quando essa compaixão tiver dominado nossa mente, devemos estendê-la a todos os seres, pensando que eles também têm direito ao mesmo amor.

Imaginemos, da mesma forma, uma gazela perseguida por caçadores e sua matilha. Acuada, entregue ao pânico, salta de uma falésia e quebra os ossos. Os caçadores a encontram moribunda e a matam com sua faca.

Deixemos todas as espécies de sofrimento se desenhar, com precisão gráfica, em nossa mente. Pensemos em idosos ou doentes entregues aos tormentos da doença, pobres que têm o mínimo para sobreviver. Pensemos naqueles que são privados de tudo, assim como nos que são vítimas de sua própria mente e sofrem até a loucura com as angústias provocadas por seus desejos ou seu ódio.

Não deixemos de incluir nesse amor e nessa compaixão todos aqueles que consideramos inimigos e fomentadores de problemas. Visualizemos diante de nós todos os seres reunidos numa imensa multidão, e lembremos que, como nós, eles sofrem de diversas maneiras no ciclo infinito das existências.

Ao experimentarmos um intenso sentimento de compaixão, comecemos a prática da troca. Pensemos que, no momento em que expiramos, juntamente com nossa respiração, enviamos àqueles que sofrem toda nossa felicidade, vitalidade, boa sorte, nossa saúde etc., sob a forma de um néctar branco, refrescante e luminoso. Desejemos que recebam esses benefícios sem nenhuma reserva e acreditemos que o néctar supra todas as suas necessidades. Se sua vida estiver em perigo, imaginemos que ela se prolongue; se forem pobres, que obtenham tudo de que necessitam; se estiverem doentes, que se curem; se forem infelizes, que encontrem a felicidade.

Ao inspirarmos, imaginemos que tomamos para nós, sob a forma de uma massa escura, todas as doenças, todos os problemas físicos e mentais, assim como as emoções perturbadoras desses seres, e que essa troca alivie seus tormentos. Imaginemos que seus sofrimentos nos cheguem como uma bruma levada pelo vento.

Quando tivermos absorvido, transformado e eliminado todos esses males, sentiremos uma grande alegria que misturaremos com a experiência do não apego.

Reiteremos essa prática muitas vezes até que se torne uma segunda natureza. Nunca acreditemos que já fizemos o suficiente para os que sofrem.

Podemos aplicar esse método a qualquer momento e em toda circunstância, em particular quando nós mesmos estivermos sofrendo. Nesse último caso, o fato de associar o altruísmo e a compaixão às nossas próprias dores age como um bálsamo apaziguador e nos abre para os outros em vez de nos fechar ainda mais no egocentrismo. Podemos fazer esse exercício fora das sessões de meditação ou integrá-lo à nossa prática meditativa, aplicando-o em todas as atividades da vida cotidiana.

Variante 1

Quando expirarmos, imaginemos que nosso coração é uma esfera brilhante e luminosa de onde emanam raios de luz branca trazendo felicidade para todos os seres, em todas as direções.

Quando inspirarmos, tomemos para nós seus tormentos sob a forma de uma nuvem densa e sombria que penetra em nosso coração e se dissolve na luz branca sem deixar nenhum traço.

Variante 2

Imaginemos que nosso corpo se multiplica numa infinidade de formas que vão até os confins do universo, assumindo os sofrimentos de todos os seres que elas encontram, oferecendo-lhes nossa felicidade; que nosso corpo se transforma em roupas para os que têm frio, em alimento para os

> famintos e em refúgio para os sem-teto; que nos tornamos "a pedra preciosa que nos concede todos os desejos", um pouco maior do que nosso corpo e resplandecente, de um magnífico azul-safira, que supre naturalmente as necessidades daqueles que lhe dirigem preces.

Essa prática permite associar nossa respiração ao desenvolvimento da compaixão.

Muito simples, pode ser utilizada a qualquer momento da vida cotidiana, quando estivermos assentados em um trem, parados numa fila de espera ou num engarrafamento, ou quando gozarmos de um momento de descanso em nossas atividades diárias.

ALIVIAR A DOR FÍSICA

A dor física é uma experiência que todos devemos enfrentar em nossa vida. Ora, a reação subjetiva que ela suscita varia de maneira considerável de um indivíduo a outro. A sensação dolorosa pode, por exemplo, ser bastante aumentada pelo desejo ansioso de suprimi-la. A mais benigna das dores se torna, assim, insuportável. Ao contrário, os males crônicos são mais bem suportados quando modificamos nossa atitude diante da dor e quando lhe damos um sentido.

As pesquisas em neurociência mostraram a importância que a interpretação das sensações tem na experiência da dor. Algumas pesquisas foram feitas com voluntários que recebiam regularmente estímulos no braço, às vezes muito dolorosos, outras vezes bem menos. Cada vez, os pesquisadores lhes pediam para avaliar a intensidade da dor que sentiam. Depois de alguns dias, anunciaram aos voluntários que iriam receber um estímulo de forte intensidade, mas, na verdade, enviaram um de fraca intensidade, e vice-versa. Ora, observou-se que o aviso de que haveria um estímulo potente fez com que sentissem como doloroso um estímulo de fraca intensidade e, inversamente, o aviso de um estímulo de fraca intensidade fez com que os indivíduos não percebessem como dolorosa uma estimulação que provoca, habitualmente, uma dor intensa.

A antecipação da gravidade ou da inocuidade do que se vai sentir tem um papel preponderante na experiência da dor. De maneira geral, o efeito placebo (algo que nos faz bem porque esperamos seu efeito benéfico) assim como o efeito nocebo (algo que nos faz mal porque esperamos seu efeito maléfico) confirmam a influência que tem a mente sobre o corpo e sobre a qualidade de nossa experiência.

A avaliação da dor depende, então, em grande parte, do funcionamento da mente. Suportamos melhor as dores cuja duração e cuja intensidade são previsíveis, o que nos permite estar prontos para recebê-las e, então, administrá-las melhor do que as dores cuja intensidade pode aumentar, e cuja duração é desconhecida. Se uma dor escapa totalmente ao nosso controle e se acreditarmos que durará indefinidamente, nossa mente poderá ficar, então, submergida pelo sofrimento.

Além disso, dar um sentido à dor permite suportá-la melhor. Quando pensamos, por exemplo, que nos trará um grande bem, aceitamos os efeitos secundários de um tratamento médico porque ele nos dá a esperança de cura. Pode-se também assumir uma dor para o bem de outrem. Como é o caso de um parente ou de um amigo pronto a doar seu sangue ou um órgão para salvar a vida de um próximo. O mesmo se dá com as dores, por vezes intensas, sofridas pelo atleta no treinamento. Ele as aceita plenamente com o objetivo de melhorar sua performance. Certos atletas afirmam que, quanto maior a dor, mais eles a apreciam, pois ela lhes informa a intensidade de seu treinamento. Esses mesmos desportistas serão afetados mais negativamente por uma dor imprevista que não tem para eles nenhum valor, como, um ferimento no decorrer do treino. O fato de dar um sentido à dor nos confere um poder sobre ela e elimina a ansiedade ligada ao sentimento de desassossego e de impotência. Ao contrário, se reagirmos com medo, revolta, desânimo, incompreensão ou sentimento de impotência, em vez de sofrer um único tormento acumularemos vários outros.

Os casos mais difíceis são as dores crônicas, vivas, persistentes que se sobrepõem, constantemente, às outras sensações. A dor domina, então, nossa mente e nossa relação com o mundo, acompanhando cada pensamento e cada ato. Eu ouvi de um doente as seguintes palavras: "Uma forte dor crônica é como uma pedra lançada no lago: as ondas se propagam por toda nossa vida. Não temos para onde fugir".

Mas uma dor pode ser intensa sem, contudo, destruir nossa visão positiva da vida. Se chegarmos a adquirir certa paz interior, será mais fácil manter nossa força de espírito ou reencontrá-la rapidamente, mesmo se estivermos diante de circunstâncias difíceis.

Certos seres que sobreviveram a um acidente, à tortura ou a intensas dores de outro tipo afirmam, algum tempo depois, sentir-se "mais humanos" e manifestam um julgamento mais aprofundado do mundo que os cerca em relação à beleza e às qualidades dos seres que eles encontram. Dizem "considerar cada momento da existência como um tesouro inestimável".[14]

Como, então, controlar a dor em vez de ser sua vítima? Se não pudermos escapar dela, é melhor utilizá-la do que repeli-la. Ao cair num total desânimo ou conservar a força mental e a vontade de viver, em ambos os casos, a dor estará sempre presente, mas, no segundo caso, preservam-se a dignidade e a confiança em si, o que faz toda a diferença.

Para isso, o budismo ensina diferentes métodos. Explicaremos quatro deles. O primeiro consiste em observar simplesmente a dor sem interpretá-la, num estado de consciência plena. O segundo recorre à iconografia mental. O terceiro permite transformar a dor despertando-se para o amor e a compaixão, e o último consiste em examinar a natureza do sofrimento e, por extensão, a natureza da mente que sofre.

Meditação

A consciência plena

Como será explicado adiante, observemos com
a mente a sensação de dor, sem a interpretar, rejeitar

14. "Pain", BBC World Service Radio, na série "Documentary" realizada por Andrew North, fevereiro 2008.

ou temer. Mergulhemos na experiência do momento presente. A sensação conserva, então, sua intensidade, mas perde seu caráter repulsivo.

Fontes de inspiração

"A maioria de nós considera a dor como uma ameaça ao bem-estar físico. Ora, se nos preocuparmos com ela, só se intensificará. Ao contrário, se a considerarmos como um objeto de meditação, será um meio de aumentar a clareza de nossa mente."

Yongey Mingyour Rinpotché

Como proceder para transformar a dor em objeto de meditação?

"Uma consciência pura e não obstruída por esse acontecimento vai senti-la como um fluxo de energia apenas [...] Nenhum pensamento. Nenhuma rejeição. Somente energia [...] Mas o mental conceitualiza experiências tais como a dor. Você pensará nela como sendo 'dor'. É um conceito. É um rótulo, algo que se acrescenta à própria sensação. E você constrói uma imagem mental da dor, vendo-a como uma entidade [...] Muito provavelmente, você se verá pensando: 'Eu estou com dor na perna'. 'Eu' é um conceito. É alguma coisa externa acrescentada à experiência pura.

Quando você introduz 'eu' no processo, estabelece uma descontinuidade conceitual entre a realidade e a consciência sem ego que a vê. Pensamentos como 'eu', 'meu', 'para mim' não têm nenhum lugar na consciência direta. São acréscimos estranhos, de caráter enganoso. Quando você introduz 'eu' no jogo, identifica-se com a dor. A consequência é reforçá-la. Se o 'eu' ficar fora da operação, a dor não será dolorosa. Será simplesmente um puro fluxo de energia."

Bhante Henepola Gunaratna[15]

O poder das imagens mentais

Visualizemos um néctar benfazejo, luminoso, que impregna o lugar onde a dor é mais forte, dissolve-a, pouco a pouco, e acaba por transformá-la numa sensação de bem-estar. Depois, esse néctar penetra em todo o corpo e a sensação de dor estanca. Se a dor aumentar em intensidade, aumentemos a potência do néctar, pensando que cada átomo de dor é agora substituído por um átomo de bem-estar. Transformemos assim a própria essência da dor em felicidade.

15. Banthe Henepola Gunaratna, *op. cit.*

A força da compaixão

Imaginemos um poderoso sentimento de amor altruísta e de compaixão para todos os seres, depois pensemos: "Desejo tanto não sofrer mais! Mas outras pessoas além de mim estão aflitas, com sofrimentos comparáveis aos meus, e, muitas vezes, bem piores. Como gostaria que também se livrassem deles!". Nossa dor não é mais sentida como uma degenerescência ou um acontecimento acabrunhante. Impregnados de altruísmo, paramos de nos perguntar com amargura: "por que eu?".

Quando estamos totalmente absorvidos por nós mesmos, somos vulneráveis e nos tornamos presa fácil do desassossego, da contrariedade, do sentimento de impotência ou da angústia. Se, em vez disso, sentimos uma forte empatia e uma benevolência incondicional diante do sofrimento do outro, a resignação dá lugar à coragem, a depressão cede ao amor, a mesquinhez de espírito a uma abertura em direção a todos aqueles que nos cercam.

Contemplar a própria natureza da mente

Contemplemos simplesmente a dor. Mesmo se sua presença for lancinante, perguntemo-nos qual é sua cor, sua forma ou qualquer outra característica imutável. Percebe-se que seus contor-

> nos se atenuam à medida que se tenta delimitá-la. Finalmente, verifica-se que há, por trás da dor, uma presença consciente, aquela que se encontra na fonte de toda sensação e de todo pensamento. Relaxemos nossa mente e tentemos deixar a dor descansar na consciência plena, livre de qualquer construção mental. Essa atitude nos permitirá não ser mais sua vítima passiva, mas, pouco a pouco, enfrentar e atenuar a devastação que ela provoca em nossa mente.

Certamente, não será fácil, mas a experiência mostra que é realizável. Conhecemos numerosos meditadores que recorrem a esse método no caso de doenças terminais particularmente dolorosas. Eles pareciam notavelmente serenos e relativamente pouco afetados pela dor. Francisco Varela, pesquisador de renome em ciências cognitivas, que havia praticado a meditação budista durante anos, confiou-me, algumas semanas antes de morrer de um câncer generalizado, que conseguia permanecer quase todo o tempo na presença despertada da consciência plena. A dor física lhe parecia, então, longínqua e não o impedia de conservar sua paz interior. Necessitava, portanto, de fracas doses de analgésico. Soube preservar essa lucidez e essa serenidade contemplativa até seu último suspiro.

A VISÃO PENETRANTE

Tratemos agora da visão penetrante (*vipashyana* em sânscrito, *vipassana* em pali). Por que é tão importante ter uma visão correta da realidade? Isso parece ser muito teórico, mas, na verdade, não é. Nossa maneira de perceber os outros e o mundo, em geral, influi consideravelmente sobre nossa maneira de ser e nosso comportamento.

Nós impomos constantemente ao mundo nossa visão truncada da realidade e as deformações que daí resultam são causas de frustrações, e de tormentos, pois acabam, inevitavelmente, chocando-se com a realidade. Quantas vezes consideramos alguém ou alguma coisa totalmente desejável ou totalmente odiável? Com que força nos agarramos ao "eu" e ao "meu", persuadidos da solidez desses conceitos?

Imaginemos agora que víssemos o mundo dos fenômenos como um fluxo dinâmico de acontecimentos interdependentes, cujas características sempre mutáveis resultassem de inúmeras causas e condições e não pertencessem intrinsecamente aos objetos que elas definem. Os conceitos de "eu" e de "meu" nos pareceriam muito mais fluidos e não seriam mais objeto de fixações tão poderosas.

Cultivar a visão penetrante é, então, uma prática essencial para erradicar o sofrimento e as incompreensões fundamentais que são sua fonte.

Para desenvolver essa visão penetrante, é indispensável ter a mente clara, concentrada e estável, por isso a importância de tê-la preparado para a prática da calma interior, *shamatha*. Contudo, como vimos, esta última sozinha não basta.

Shamatha permite apaziguar momentaneamente as emoções perturbadoras, mas não as erradica. Torna-se, então, indispensável recorrer à visão penetrante, que permite reconhecer a natureza fundamental da consciência, a maneira pela qual as emoções surgem e se encadeiam e como nossas fabricações mentais reforçam nosso egocentrismo.

A visão penetrante nos dará a possibilidade, pela análise, depois pela experiência direta, de compreender que os fenômenos são impermanentes, interdependentes, e por isso mesmo desprovidos da existência autônoma e tangível que lhes atribuímos comumente. Daí resultarão mais verdade e mais liberdade na nossa maneira de ver. Não seremos mais prisioneiros de nossa visão egocêntrica e administraremos mais facilmente as reações emocionais criadas por nossa interação com tudo o que nos rodeia.

Vipashyana pode ser praticada em diferentes níveis e de diversas maneiras.

Vejamos aqui alguns desses aspectos:

- como chegar a uma compreensão mais justa da realidade;

- como se afastar dos tormentos criados pelas emoções perturbadoras;
- como desmascarar a impostura do ego e compreender a influência exercida por esse conceito sobre nosso sofrimento e nosso bem-estar;
- como apreender a natureza fundamental da mente.

Compreender melhor a realidade

O que devemos entender por *realidade*? Segundo o budismo, trata-se da verdadeira natureza das coisas, não modificada pelas fabricações mentais que criam um abismo entre a maneira pela qual as coisas nos aparecem e o que elas são verdadeiramente. Esse desacordo traz incessantes conflitos com o mundo. Habitualmente, percebemos o mundo exterior como um conjunto de entidades autônomas às quais atribuímos características que lhes parecem ser próprias. As coisas nos parecem intrinsecamente "agradáveis" ou "desagradáveis" e as pessoas fundamentalmente "boas" ou "más". O "eu" que as percebe nos parece igualmente real e concreto. Esse desprezo, que o budismo chama de *ignorância*, gera fortes reflexos de apego e de aversão que levam geralmente a um rosário de sofrimentos.

Conforme a análise budista, o mundo é resultado de um número infinito de causas e de condições em perpétua mudança. Como um arco-íris que se forma no momento preciso em que o sol brilha sobre uma cortina de chuva e esmaece desde que um dos fatores que contribuem para sua formação desaparece, os fenômenos existem de um modo essencialmente interdependente e não têm, então, existência autônoma nem permanente. A *realidade última* é, dessa forma, o que se chama *vacuidade de existência própria* dos fenômenos animados e inanimados. Tudo é relação, nada existe em si e por si. Quando essa noção essencial é compreendida e interiorizada, a percepção errônea que tínhamos de nosso eu e do mundo dá lugar a uma justa compreensão da natureza das coisas e dos seres: o *conhecimento*. Ele não é uma simples construção intelectual nem um conjunto de informações, procede de uma atitude essencial que permite eliminar progressivamente a cegueira mental e as emoções perturbadoras decorrentes que são as causas principais de nosso mal-estar.

A meditação da qual falaremos a seguir, que tem por objetivo ajudar-nos a transformar nossa percepção da realidade, é descrita em termos contemporâneos, mas é fundamentada numa análise clássica da filosofia budista que poderemos consultar nas obras de referência citadas no fim deste livro.

Meditação

Imaginemos uma rosa recentemente desabrochada cuja beleza admiramos. Como é bela! Imaginemos agora que somos um inseto que come um pedaço de pétala. Como é bom! Visualizemo-nos na pele de um tigre diante do qual é colocada essa rosa. Para ele, a flor ou um feixe de feno não têm diferença. Transformemo-nos no coração dessa rosa e imaginemos ser um átomo. Existimos somente sob a forma de trajetórias energéticas num mundo caleidoscópico, no seio de um turbilhão de partículas que atravessam um espaço quase inteiramente vazio. Onde está a rosa? Onde estão sua cor, forma, textura, perfume, gosto, beleza? Quanto às partículas, se olharmos de mais perto, são elas objetos sólidos? Certamente não, dizem os físicos. São "acontecimentos" que surgem do vazio quântico, das "ondas de probabilidades" e, enfim, da energia. A energia seria uma entidade? Não seria ela um potencial de manifestação que não é nem não existente nem verdadeiramente existente? O que sobrou da rosa?

A "vacuidade" de alguma coisa não é a inexistência dessa coisa, mas sua verdadeira natureza. A vacuidade de um arco-íris não é sua ausência, é o fato de que, quando ele está brilhando com todas as suas cores cambiantes, ele é inteiramente desprovido de existência própria, autônoma e permanente. Basta que o sol, que brilha atrás de nós, seja coberto por um instante, ou que a cortina de chuva pare de cair, para que o arco-íris se esvaneça sem deixar nenhum traço.

Examinemos assim a natureza das coisas que nos cercam. Conscientizemo-nos de que, a despeito de sua aparência tangível, elas são desprovidas de existência última. Deixemos nossa mente repousar alguns instantes nessa união indissolúvel das aparências e da vacuidade, da forma e do vazio.

Fontes de inspiração

Como a estrela cadente, a miragem, a chama,
A ilusão mágica, a gota de orvalho, a bolha de água,
Como o sonho, o relâmpago ou a nuvem:
Considere assim todas as coisas compostas.

Chandrakirti

Tal como reflexos na superfície de um lago límpido,
A multiplicidade dos fenômenos se manifesta
Embora desprovida de existência própria.
Hoje mesmo, tenha a certeza
De que tudo não é mais que reflexo da vacuidade.

Longchen Rabjam[16]

"O sujeito e o objeto são como a madeira de sândalo e sua fragrância. O samsara e o nirvana são

16. Longchen Rabjam (1308-1363), uma das grandes luzes do budismo tibetano; extraído de *Gsung thor bu*, pp. 351-52, trad. M. Ricard.

como o gelo e a água. As aparências e a vacuidade são como as nuvens e o céu. Os pensamentos e a natureza da mente são como as ondas e o oceano."

Guéshé Tchayulpa[17]

"No coração do inverno, o frio congela os rios e os lagos; a água se torna tão sólida que suporta homens, animais e veículos. Quando chega a primavera, a terra e a água esquentam e vem o degelo. O que resta da solidez do gelo? A água volta a ser líquida e fluida, o gelo é duro e petrificado, então, não são idênticos, mas também não são diferentes, já que o gelo é apenas água congelada, e a água, gelo derretido.

Essa metáfora se aplica à nossa percepção do 'real'. Quando nos prendemos à realidade das coisas, quando não nos deixamos levar pelos julgamentos entre o desejo e o ódio, o prazer ou a dor, os ganhos ou as perdas, a glória ou a infâmia, o elogio ou a crítica, nossa mente cristaliza-se. Ora, o que podemos fazer é derreter o gelo dos conceitos e dos preconceitos para transformá-lo em água viva da liberdade de todos os possíveis."

Khyentsé Rinpotché

17. Extraído de "Paroles des maîtres kadampas", *Mkha'gdams kyi skyes bu dam pa rnams kyi gsung bgros thor bu ba rnams*, p. 89, trad. M. Ricard.

"O reconhecimento da natureza da mente e a exata compreensão do mundo dos fenômenos são essenciais para nossa busca da felicidade. Se a mente se apoia numa visão totalmente errônea no que tange à natureza das coisas e a mantém, será muito difícil mudá-la para que conheça a liberdade. Conceber uma visão correta não é uma questão de fé ou de adesão a um dogma, mas de clara compreensão. Essa compreensão nasce de uma análise pertinente da realidade. É assim que, pouco a pouco, a crença na existência própria dos fenômenos, sobre a qual se ancora nossa concepção errônea do mundo, é posta em dúvida, sendo substituída por uma visão exata das coisas."

XIV° Dalai Lama[18]

18. Dalai Lama, ensinamentos orais dados em Schvenedingen, Alemanha, 1998, trad. M. Ricard.

ADMINISTRAR OS PENSAMENTOS E AS EMOÇÕES

Ouve-se frequentemente dizer que o budismo, em geral, e a meditação, em particular, visam a suprimir as emoções. Tudo depende do que se entende por "emoção". Se se tratar de perturbações mentais tais como o ódio e o ciúme, por que não nos livrar delas? Se se tratar de um forte sentimento altruísta ou de compaixão em relação aos outros que sofrem, por que não desenvolver essas qualidades? Esse é o objetivo da meditação.

A meditação nos ensina a administrar os acessos de raiva malévola ou de ciúme, as ondas de desejo incontrolável e os medos irracionais. Libera-nos da imposição dos estados mentais que obscurecem nosso julgamento e são fonte de incessantes tormentos. Fala-se, então, em "toxinas mentais", pois esses estados mentais intoxicam, verdadeiramente, nossa existência e a dos outros.

A palavra "emoção" provém do latim *emovere*, que significa "pôr em movimento". Uma emoção é, então, o que faz movimentar a mente, seja ela em direção a um pensamento nocivo, neutro ou benéfico. A emoção condiciona a mente e a faz adotar uma certa perspectiva, uma certa visão das coisas. Essa visão pode estar de acordo com a realidade, no caso do amor altruísta e da compaixão, ou deturpada, no caso do ódio ou da avidez. Como enfatizamos acima, o amor altruísta é uma tomada de consciência do fato de que todos os seres desejam, como nós, ser libertados do sofrimento e se baseia no reconhecimento de sua interdependência fundamental, da qual participamos. O ódio, ao contrário, deforma a realidade ampliando os defeitos de seu objeto e ignorando suas qualidades. Do mesmo jeito, o desejo ávido nos faz perceber seu objeto como desejável em todos os aspectos, ignorando seus defeitos. Deve-se convir que certas emoções são perturbadoras e outras benfazejas. Se uma emoção reforça nossa paz interior e nos incita ao bem do outro, podemos considerá-la positiva ou construtiva; se destrói nossa serenidade, perturba profundamente nosso espírito e nos leva a prejudicar os outros, ela é negativa ou perturbadora. É o que diferencia, por exemplo, uma indignação vigorosa, uma "santa cólera", diante de uma injustiça que testemunhamos de uma cólera motivada pela intenção de fazer mal ao outro.

O importante não é, então, esforçarmo-nos muito para suprimir nossas emoções, o que seria em vão, mas fazer com que elas contribuam para nossa paz interior e nos levem a pensar, falar e agir de maneira bondosa com os outros. Para isso, devemos evitar ser o joguete impotente dessas emoções, aprendendo a dissolver as que são negativas à medida que surgem e a cultivar as que são positivas.

Devemos compreender também que é o acúmulo e o encadeamento das emoções que determinam nossos humores, que duram alguns instantes ou dias, e formam, a longo prazo, nossas tendências e nossos traços de caráter. Assim, se aprendermos a administrar nossas emoções da melhor maneira, pouco a pouco, de emoção em emoção, dia após dia, acabaremos transformando nossa maneira de ser.

Essa é a essência do treinamento da mente e da meditação sobre as emoções.

Entre os diversos métodos que permitem administrar as emoções pela meditação, explicaremos dois: o primeiro consiste em aplicar antídotos; o segundo, a não se identificar com essas aflições efêmeras, reconhecendo sua verdadeira natureza.

Recorrendo aos antídotos

Antídoto designa aqui um estado de espírito diametralmente oposto à emoção perturbadora que desejamos combater. Da mesma forma que um copo de água não pode ser, ao mesmo tempo, frio e quente, não podemos simultaneamente querer fazer o bem e o mal à mesma pessoa. Trata-se, portanto, de cultivar remédios suficientemente poderosos para neutralizar as emoções que nos perturbam.

Visto sob outro ângulo, quanto mais desenvolvermos a benevolência, menos lugar haverá na mente para seu contrário, a malevolência. Da mesma forma, quanto mais luz houver num cômodo, mais a escuridão se dissipará. Nas meditações que se seguem, tomaremos primeiramente como exemplo o desejo, depois a raiva maléfica.

Ninguém contesta que seja natural desejar, e que o desejo represente um papel essencial na vida para realizarmos nossas aspirações. Mas o desejo não é mais que uma força cega, nem benéfica nem nefasta por si mesma. Tudo depende da influência que o desejo exerce sobre nós. É capaz de inspirar nossa existência como pode também envenená-la. Pode nos incitar a agir de maneira construtiva para nós mesmos e para os outros, mas pode representar intensos tormentos. É o caso quando ele se torna uma sede que nos tortura e nos consome. Pode nos tornar dependentes das próprias causas do sofrimento. Ele é, então, fonte de infelicidade, não havendo nenhuma vantagem em permanecer como sua vítima. Para esse tipo de desejo, aplicaremos como antídoto a liberdade interior.

Meditação

Se somos prisioneiros de um desejo poderoso que nos perturba e nos obceca, comecemos por examinar suas características principais e identifiquemos os antídotos apropriados.

O desejo tem um aspecto de urgência. Acalmemos nossos pensamentos observando as idas e vindas da respiração como descrevemos anteriormente.

O desejo tem um aspecto coercitivo e perturbador. Como antídoto, imaginemos a satisfação e o alívio que acompanham a liberdade interior. Dediquemos alguns momentos a deixar esse sentimento de liberdade nascer e crescer em nós. O desejo tem tendência a deformar a realidade e a considerar seu objeto como fundamentalmente desejável. Para restabelecer uma visão mais justa das coisas, analisemos calmamente o objeto do desejo sob todos os seus aspectos, e meditemos alguns instantes sobre seus lados menos atraentes, até mesmo indesejáveis.

Finalmente, deixemos nossa mente descansar na paz da consciência plena, livre de esperança, de temor, e apreciemos o frescor do momento presente, que age como um bálsamo sobre o fogo do desejo.

Fontes de inspiração

"Uma mente sossegada não é sinônimo de mente vazia de pensamento, de sensações e de emoções. Uma mente pacífica não é uma mente ausente."[19]

Thich Nhat Hanh

19. Thich Nhat Hanh, *La Vision profonde*, trad. Philippe Kerforme (traduzido de *The Sun in my Heart*, 1988, Spiritualités Vivantes, Albin Michel, 1995.

"Tratar o desejo da seguinte maneira. Observe o pensamento ou a sensação quando eles aparecem. Observe o estado mental do desejo que os acompanha como uma coisa distinta. Note a extensão ou o grau exato desse desejo. Em seguida, observe quanto tempo duram e quando, finalmente, desaparecem. Quando tiver feito isso, transfira sua atenção para a respiração."[20]

Bhante Henepola Gunaratna

"Como é bom nos coçar quando sentimos qualquer coceira, mas que felicidade quando a coceira desaparece. Como é bom satisfazer nossos desejos, mas que felicidade ao ficarmos livres dos desejos.[21]

Nagarjoûna

A raiva

A raiva egocêntrica, precursora do ódio, obedece ao impulso de afastar todo aquele que puser algum obstáculo ao que nosso eu exige, sem consideração pelo bem-estar do outro. Ela se expressa com uma hostilidade aberta quando o ego ameaçado decide contra-atacar, e com ressentimento e rancor quando ele é ferido, desprezado ou ignorado. Uma simples cólera pode estar

20. Bhante Henepola Gunaratna, *op. cit.*

21. Nagarjoûna, *Suhrlleka*, *"Lettre à un ami"*, trad. do tibetano.

associada à malevolência, ao desejo de prejudicar conscientemente alguém.

A mente, obcecada pela animosidade e pelo ressentimento, fecha-se na ilusão e se convence de que a fonte de sua insatisfação reside inteiramente fora de si mesma.

Na verdade, mesmo se o ressentimento foi desencadeado por um objeto exterior, ele não se encontra em outro lugar que não seja na nossa mente. Além disso, se nosso ódio for uma resposta ao ódio do outro, desencadearemos um círculo vicioso que jamais terá fim. A meditação a seguir não tem por objetivo reprimir o ódio, mas voltar nossa mente para o que lhe é diametralmente oposto: o amor e a compaixão.

Meditação 1

Consideremos alguém que se comportou com maldade contra nós ou contra nossos próximos, fazendo-nos sofrer. Consideremos também os seres que causam, ou causaram, imensos sofrimentos aos outros. Se os venenos mentais que os levaram a agir assim pudessem desaparecer de sua mente, eles deixariam de ser nossos inimigos e também da humanidade. Desejemos do fundo do coração que essa transformação aconteça. Para esse fim, podemos recorrer à meditação sobre o amor altruísta, formulando, como já vimos, o seguinte voto: "Que todos os seres possam se libertar do sofrimento e das causas do sofrimento. Que o ódio, a avidez, a arrogância, o desprezo, a indiferença, a avareza e o ciúme desapareçam de sua mente para sere substituídos pelo amor altruísta, pelo contentamento, pela modéstia, pela apreciação, pela solicitude, pela generosidade e pela simpatia".

Deixemos esse sentimento de benevolência incondicional invadir todos os nossos pensamentos.

Meditação 2

Se formos tomados pela ansiedade – quando ficarmos retidos num engarrafamento, por exemplo, e corrermos o risco de perder o avião –, tentemos ficar plenamente conscientes dessa ansiedade. À medida que exercermos nossa consciência plena, perceberemos que a ansiedade se tornará menos intensa. Por quê? Porque a parte de nossa mente que está consciente da ansiedade não é, ela mesma, ansiosa. Ela é simplesmente consciente.

Momentos antes, a ansiedade preenchia toda nossa paisagem mental. Agora, ela só ocupa uma parte e divide esse espaço com a consciência plena. Observemos que, à medida que a consciência plena se amplia, a ansiedade vai desaparecendo, até perder a capacidade de perturbar nossa mente, para finalmente dar lugar à paz recuperada.

Fontes de inspiração

"Não vejo outra saída: que cada um de nós faça um retorno sobre si mesmo e extirpe e aniquile em si mesmo tudo o que ele acredita dever ser aniquilado nos outros. E estejamos convencidos de que o mínimo átomo de ódio que acrescentamos a este mundo torna-o ainda mais inóspito do que já é."[22]

"Não creio que possamos corrigir o que quer que seja no mundo exterior sem que o tenhamos, primeiramente, corrigido em nós. A única lição dessa guerra é ter nos ensinado a procurar em nós mesmos e não alhures."[23]

Etty Hillesum

"Já é tempo de desviar o ódio de seus alvos habituais, seus pretensos inimigos, para dirigi-lo con-

22. Etty Hillesum, *Une vie bouleversée*, *op. cit.*, p. 218.
23. Etty Hillesum, *ibid.*, p. 104.

tra ele mesmo. Com efeito, seu verdadeiro inimigo é o ódio, e é ele que você deve destruir."

Khyentsé Rinpotché

"Cedendo ao ódio, não prejudicamos necessariamente nosso inimigo, mas danificamos a nós mesmos. Perdemos nossa paz interior, não fazemos mais nada corretamente, digerimos mal, não dormimos mais, espantamos aqueles que vêm nos ver, lançamos olhares furiosos àqueles que ousam cruzar nosso caminho. Tornamos impossível a vida de quem mora conosco e afastamos nossos amigos mais caros. E, como aqueles que se compadecem de nós são cada vez menos numerosos, ficamos cada vez mais sós. [...] De que serve? Mesmo se formos até o fim de nossa raiva, jamais eliminaremos todos os nossos inimigos. Conhece alguém que tenha conseguido fazê-lo? Enquanto guardarmos em nós esse inimigo interior que é a cólera ou o ódio, poderemos destruir nossos inimigos exteriores hoje, mas outros aparecerão amanhã."[24]

XIV° Dalai Lama

24. Dalai Lama, *Conseils du cúur*, Presses de la Renaissance, pp. 130-31.

Cessemos de nos identificar com nossas emoções

A segunda maneira de enfrentar nossas emoções perturbadoras consiste em dissociar mentalmente a emoção que nos aflige. Habitualmente, nós nos identificamos completamente com nossas emoções. Quando somos tomados por um acesso de raiva, transformamo-nos num só com ela. Ela é onipresente em nossa mente e não deixa nenhum lugar para outros estados mentais, tais como a paz interior, a paciência ou a consideração das razões que poderiam acalmar nosso descontentamento. Entretanto, se naquele momento formos ainda capazes de ter um pouco de presença de espírito – capacidade que pode ser treinada –, poderemos cessar de nos identificar com a raiva.

A mente é capaz de examinar o que se passa nela. Basta que ela observe suas emoções como faríamos com um acontecimento exterior que se produz diante de nossos olhos. Ora, a parte de nossa mente que está consciente da raiva está simplesmente consciente: ela não está com raiva. Ou seja, a consciência plena não é afetada pela emoção que observa. Compreender permite tomar distância, conscientizar-se de que essa emoção não tem nenhuma substância, e deixar-lhe espaço suficiente para que ela se dissolva por si mesma.

Agindo assim, evitamos dois extremos, ambos prejudiciais: reprimir a emoção, que permanecerá em algum lugar sombrio de nossa consciência, como uma bomba-relógio, ou deixá-la explodir, em detrimento daqueles que nos cercam e de nossa própria paz interior. Não se identificar com as emoções constitui um antídoto fundamental aplicável em todas as circunstâncias.

Na próxima meditação, tomaremos novamente como exemplo a cólera, mas o processo é o mesmo para qualquer outra emoção perturbadora.

Meditação

Imaginemos que estamos dominados por uma forte raiva. Achamos que não temos outra escolha a não ser nos deixar levar por ela. Impotente, nossa mente se volta sem cessar para o objeto que desencadeou sua raiva, como o ferro em direção ao ímã. Se alguém nos insultou, a imagem dessa pessoa e suas palavras voltam constantemente ao nosso pensamento. E cada vez que pensamos nisso desencadeamos uma nova labareda de ressentimentos que alimenta o círculo vicioso dos pensamentos e das reações a esses pensamentos.

Mudemos, então, de tática. Desviemo-nos do objeto de nossa raiva e contemplemos a própria raiva. Seria um pouco como se olhássemos para o fogo, sem continuar a alimentá-lo com lenha. O fogo, por mais violento que seja, não tardará a apagar-se sozinho. Da mesma forma, se simplesmente pousarmos o olhar da nossa atenção sobre a raiva, é impossível que ela perdure por si mesma.

Toda emoção, por mais intensa que seja, esgota-se e se esvanece naturalmente quando cessamos de alimentá-la.

Saibamos, enfim, que a raiva, por mais forte que seja, não passa de um pensamento. Vamos examiná-la mais de perto. De onde ela tira o poder de nos dominar a tal ponto? Possui uma arma? Queima como fogo? Esmaga-nos como uma rocha? Podemos localizá-la em nosso peito, coração ou cabeça? Se acreditamos que sim, tem ela cor ou forma? Teremos muita dificuldade de encontrar nela tais características. Quando contemplamos uma nuvem espessa num céu de tempestade, vemos que ela tem um ar tão maciço que poderíamos nos assentar sobre ela. Entretanto, se voássemos em sua direção, nada encontraríamos para pegar: só há vapor impalpável. Da mesma maneira, examinando atentamente a raiva, nada encontraremos que possa justificar a influência tirânica que exerce sobre nós. Quanto mais tentamos defini-la, mais ela desvanece sob nosso olhar como a geada sob os raios do sol.

Finalmente, de onde vem essa raiva? Onde está agora? Para onde foi? Tudo o que podemos afirmar é que provém de nossa mente, permanece ali alguns instantes e desaparece em seguida. Quanto à mente, ela é imperceptível, não constitui uma entidade distinta e não é mais do que um fluxo de energia.

Se em cada vez que uma forte emoção surgir nós aprendermos a administrá-la com inteligência, não somente dominaremos a arte de liberar as emoções no exato momento em que surgem, mas também destruiremos progressivamente as tendências que fazem com que as emoções apareçam. Assim, pouco a pouco, nossos traços de caráter e nossa maneira de ser se modificarão.

Esse método pode parecer um pouco difícil no início, sobretudo no calor dos acontecimentos, mas com a prática vai se tornar cada vez mais familiar. Logo que a raiva ou qualquer outra emoção perturbadora surgirem em nossa mente, vamos identificá-las de imediato e saberemos enfrentá-las antes que tomem uma grande dimensão. É como se conhecêssemos a identidade de um batedor de carteira: mesmo que se misturasse à multidão, iríamos localizá-lo instantaneamente e ficaríamos de olho nele para que não roubasse nossa carteira.

Assim, familiarizando-nos cada vez mais com os mecanismos da mente, e cultivando a consciência plena, não deixaremos mais a centelha das emoções nascentes se transformar em incêndio capaz de destruir nossa felicidade e a dos outros.

Esse método pode ser utilizado com todas as emoções perturbadoras; ele permite fazer uma ponte entre a prática da meditação e as ocupações da vida cotidiana. Se nos habituarmos a ver os pensamentos no momento em que surgem, e deixá-los se dissipar antes que tomem posse de nós, será muito mais fácil continuarmos a ser donos de nossa mente e a administrar as emoções conflituosas no meio de nossas atividades diárias.

Fonte de inspiração

"Lembrem-se de que os pensamentos são apenas o produto da conjunção fugaz de um grande número de fatores. Eles não existem por si mesmos.

Também, logo que surgirem, reconheçam sua natureza que é própria da vacuidade. Eles perderão logo o poder de gerar outros pensamentos e a cadeia da ilusão será interrompida. Reconheçam essa vacuidade dos pensamentos e deixem que estes se soltem na claridade natural da mente límpida e inalterada."[25]

"Quando um raio de sol bate sobre um pedaço de cristal, jorram luzes irisadas brilhantes, mas insubstanciais. Assim também os pensamentos, em sua infinita variedade – devoção, compaixão, maldade, desejo –, são inacessíveis, imateriais, impalpáveis. Não há nenhum que não seja vazio de existência própria. Se você souber reconhecer a vacuidade de seus pensamentos no exato momento em que surgem, eles se dissolverão. O ódio e o apego não poderão mais abalar sua mente, e as emoções perturbadoras cessarão por si mesmas. Você não acumulará mais atos nefastos e, consequentemente, não causará mais sofrimento. É a derradeira pacificação."[26]

Dilgo Khyentsé Rinpotché

25. Dilgo Khyentsé Rinpotché, *Le Trésor du cúur des êtres éveillés*, Point Sagesse, Le Seuil, 1997.
26. *Ibid.*

À PROCURA DO EGO

Compreender a natureza do ego e seu modo de funcionamento é de uma importância vital se desejarmos nos libertar do sofrimento. A ideia de se desvencilhar da influência do ego pode nos deixar perplexos, sem dúvida, porque mexemos no que acreditamos ser nossa identidade fundamental.

Estamos conscientes do fato de que a cada instante, desde nosso nascimento, nosso corpo se transforma continuamente e nossa mente é palco de inúmeras experiências novas. Mas, instintivamente, imaginamos que em algum lugar, em nosso âmago, se localiza uma entidade duradoura que confere uma realidade sólida e uma permanência à nossa pessoa. Isso nos parece tão evidente que não achamos necessário examinar mais atentamente essa intuição. Há, então, um forte apego às noções de "eu" e de "meu" – *meu* corpo, *meu* nome, *minha* mente, *minhas* posses, *meus* amigos etc. – que traz ou um desejo de possessão, ou um sentimento de repulsa em relação ao outro. É assim que a dualidade irredutível entre mim e outrem se cristaliza nos pensamentos. Esse processo nos assimila a uma entidade imaginária. O ego é, também, o sentimento exacerbado da importância de si que decorre dessa construção mental. Ele coloca sua identidade fictícia no centro de todas as nossas experiências.

Entretanto, como veremos a seguir, ao analisarmos seriamente a natureza do eu, percebemos que é impossível colocar o dedo sobre qualquer entidade distinta que lhe corresponda. Afinal de contas, vê-se que o ego não é senão um conceito que associamos ao *continuum* de experiências que é a nossa consciência.

Nossa identificação com o ego é fundamentalmente disfuncional, pois está em desacordo com a realidade. Atribuímos, com efeito, a esse ego qualidades de permanência, de singularidade e autonomia, enquanto a realidade é, ao contrário, variável, múltipla, interdependente. O ego fragmenta o mundo e cristaliza de uma vez por todas a divisão que estabelece entre "eu" e "outro", "meu" e "não meu". Fundamentado num engano, ele é constantemente ameaçado pela realidade, o que cria em nós um profundo sentimento de insegurança. Conscientes de sua vulnerabilidade, tentamos por todos os meios protegê-lo e reforçá-lo, sentindo aversão por tudo o que o ameaça e atração por tudo o que o sustenta. Dessas pulsões de atração e repulsa nasce uma multidão de emoções conflituosas.

Poderíamos pensar que, consagrando a maior parte de nosso tempo a satisfazer e reforçar esse ego, estaríamos adotando a melhor estratégia possível para encontrar a felicidade. Mas é uma aposta perdida, pois é o contrário que acontece. Imaginando um ego autônomo, estamos em contradição com a natureza das coisas, o que se exprime por frustrações e tormentos sem fim. Consagrar toda a nossa energia a essa entidade imaginária tem efeitos deletérios sobre a qualidade de nossa vida.

O ego só pode oferecer uma confiança em si factícia, fundada em atributos precários – o poder, o sucesso, a beleza e a força físicas, o brio intelectual e a opinião dos outros – e sobre tudo o que constitui nossa imagem. A verdadeira confiança em si é outra coisa. É, paradoxalmente, uma qualidade natural da ausência de ego. Dissipar a ilusão do ego combina com um sentimento de liberdade que não está mais submetido às contingências emocionais. A confiança em si é acompanhada de uma vulnerabilidade em face dos julgamentos de outrem e de uma aceitação interior das circunstâncias, quaisquer que sejam elas. Essa liberdade se manifesta por um sentimento de abertura a tudo que se apresenta. Não se trata da frieza distante, do desapego seco ou da indiferença que se imagina, por vezes, quando se representa o desapego budista, mas de uma disponibilidade benevolente e corajosa que se estende a todos os seres.

Quando o ego não se compraz com seus triunfos, ele se alimenta de seus fracassos colocando-se como vítima. Alimentado por suas constantes ruminações, seu sofrimento lhe confirma sua existência tanto quanto sua euforia. Que ele se sinta no auge, diminuído, ofendido ou ignorado, o ego se consolida dando atenção apenas a si mesmo. "O ego é o resultado de uma atividade mental que cria e 'mantém em vida' uma entidade imaginária em nossa mente."[27] É um impostor que se ilude com o próprio jogo. Uma das funções da visão penetrante, *vipashyana*, é desmascarar a impostura do ego.

Na verdade, nós não somos esse ego, não somos essa raiva, não somos esse desespero. Nosso nível de experiência mais fundamental é o da consciência pura, essa qualidade primeira

27. Han F. de Wit, *Le Lotus et la Rose*, traduzido do holandês por C. Francken, Huy, Kunchap, 2002.

da qual falamos anteriormente e que é o fundamento de toda experiência, toda emoção, todo raciocínio, todo conceito e toda construção mental, *o ego inclusive*. Mas, atenção, essa consciência pura, essa "presença desperta" não é uma nova entidade, mais sutil ainda do que o ego: ela é uma qualidade fundamental de nossa corrente mental.

O ego não é nada mais do que uma construção mental mais duradoura do que as outras porque é constantemente reforçada por nossas cadeias de pensamentos. Isso não impede esse conceito ilusório de ser desprovido de existência própria. Esse rótulo tenaz só se fixa sobre o fluxo de nossa consciência graças à cola mágica da confusão mental.

Para desmascarar a impostura do eu, é preciso levar a investigação até o fim.

Aquele que suspeita de um ladrão em sua casa deve inspecionar cada cômodo, cada canto, cada esconderijo possível até ter certeza de que não há ninguém. Só assim ele poderá ficar em paz.

Meditação

Examinemos o que se supõe ser a identidade do "eu". Nosso corpo? Um conjunto de ossos e carne. Nossa consciência? Uma sucessão de pensamentos fugazes. Nossa história? A memória do que não existe mais. Nosso nome? Ligamos a ele todo tipo de conceitos – o de nossa filiação, de nossa reputação e de nosso status social –, mas, no fim das contas, não é mais que um conjunto de letras.

Se o ego fosse verdadeiramente nossa essência profunda, compreenderíamos nossa preocupação quanto à ideia de nos livrar dele. Se for somente uma ilusão, separarmo-nos dele não seria extirpar o coração de nosso ser, mas simplesmente dissipar um erro e abrir os olhos para a realidade. O erro não oferece nenhuma resistência ao conhecimento, assim como a escuridão não oferece resistência à luz. Milhões de anos de trevas podem desaparecer instantaneamente logo que uma lâmpada é acessa.

Quando o "eu" deixa de ser considerado o centro do mundo, interessamo-nos pelos outros. A contemplação egocêntrica de nossos próprios sofrimentos nos desencoraja, enquanto a preocupação altruísta com os sofrimentos dos outros só redobra nossa determinação de trabalhar para aliviá-los.

O sentimento profundo do "eu" que estaria no coração de nosso ser é que devemos, então, analisar honestamente.

Onde se encontra esse "eu"? Não pode estar somente em meu corpo, pois, quando digo "estou triste", é minha consciência que sente uma impressão de tristeza, não o meu corpo. Encontra-se, então, unicamente em minha consciência? Não é evidente, longe disso. Quando digo "alguém me empurrou", minha consciência é que foi empurrada? Certamente não. O "eu" não poderia estar fora do corpo e da consciência. A noção de "eu" está simplesmente associada ao conjunto do corpo e da consciência? Passamos agora a uma noção mais abstrata. A única saída para esse dilema é considerar o "eu" como uma *designação mental* ligada a um processo dinâmico, a um conjunto de relações mutáveis que integram nossas sensações, nossas imagens mentais, nossas emoções e conceitos. Enfim, o "eu" é somente um nome pelo qual se designa um *continuum*, da mesma forma que chamamos um rio de Ganges ou Amazonas. Cada rio tem uma história, corre numa paisagem única e sua água pode ter propriedades curativas ou ser poluída. Logo, é certo dar-lhe um nome e distingui-lo de outro rio. Contudo, não existe no rio uma entidade qualquer que seria o "coração" ou a essência do rio. Do mesmo modo, o "eu" existe de maneira convencional, mas não sob a forma de uma entidade que constituiria o coração de nosso ser.

O ego tem sempre algo a perder e algo a ganhar; a simplicidade natural da mente não tem nada a perder ou a ganhar, não é necessário lhe tirar ou acrescentar o que quer que seja. O ego se alimenta da ruminação do passado e da antecipação do futuro, mas não pode sobreviver na simplicidade do momento presente.

> Permaneçamos nessa simplicidade, na plena consciência do agora, que é liberdade, apaziguamento de todo conflito, de toda fabricação, toda projeção mental, distorção, identificação e divisão.

Vale, portanto, a pena consagrar um pouco de nosso tempo a deixar a mente repousar na calma interior, permitindo-lhe assim compreender melhor, pela análise e pela experiência direta, o lugar que o ego ocupa em nossa vida. Enquanto o sentimento da importância de si segurar as rédeas de nosso ser, não conheceremos jamais a paz duradoura. A verdadeira causa da dor continuará a repousar intacta no mais profundo de nós, privando-nos da mais essencial das liberdades.

Abandonar essa fixação no ego e não mais se identificar com ele significa ganhar uma imensa liberdade interior. Liberdade que permite abordar todos os seres que encontramos e toda situação com naturalidade, benevolência, coragem e serenidade. Não tendo nada a ganhar ou a perder, somos livres para doar e receber.

Meditação sobre a natureza da mente

Quando a mente examina a si mesma, o que pode ela descobrir sobre sua própria natureza? A primeira coisa que se observa são as inúmeras cadeias de pensamentos que atravessam nossa mente, independentemente de nossa vontade, e que alimentam nossas sensações, nossa imaginação, nossas lembranças e projeções para o futuro. Entretanto, não existe também uma qualidade "luminosa" da mente, para clarear nossa experiência, qualquer que seja seu conteúdo? Essa qualidade é a faculdade cognitiva fundamental que subjaz a todo pensamento. É aquilo que, na raiva, vê a raiva sem ser a raiva nem se deixar levar por ela. Essa simples presença desperta pode ser chamada de "consciência pura", pois podemos apreendê-la mesmo na ausência de conceitos e de construções mentais.

A prática da meditação mostra que, se deixarmos nossos pensamentos se acalmarem, poderemos permanecer alguns momentos na experiência não conceitual dessa consciência pura. É esse aspecto fundamental da consciência, livre dos véus da confusão, que o budismo chama de "natureza da mente".

Essa noção não é evidente. Sabemos que psicólogos, especialistas de neurociências e filósofos se interrogam sobre a natureza da consciência, mas em que sua compreensão pode afetar nossa experiência pessoal? É com nossa mente que lidamos da manhã à noite e é ela, afinal de contas, que determina a qualidade de cada instante de nossa existência. Se o fato de conhecer melhor sua verdadeira natureza e de compreender seus mecanismos influir, de maneira crucial, sobre essa qualidade, sentiremos mais a importância de interrogar sobre ela. Senão, por falta de compreender bem nossa mente, acabaremos por não nos conhecer a nós mesmos.

Os pensamentos surgem da consciência pura e se dissolvem nela novamente, como ondas que se levantam do oceano e desaparecem, sem nunca deixar de ser o próprio oceano. É essencial compreender isso se quisermos nos afastar dos automatismos habituais dos pensamentos que dão origem ao sofrimento. Identificar a natureza fundamental da consciência e saber repousar nela num estado não dual e não conceitual é uma das condições essenciais para atingir a paz interior e a libertação do sofrimento.

Meditação

Um pensamento surge, vindo de nenhum lugar, um pensamento agradável ou um outro que nos aflige. Permanece por alguns instantes e depois se apaga, para ser substituído por outros. Quando desaparece, como o som de um sino se esvai, para onde foi? Não saberíamos dizer. Certos pensamentos voltam incessantemente à nossa mente, onde criam estados que vão da alegria à tristeza, do desejo à indiferença, do ressentimento à simpatia. Os pensamentos detêm assim o imenso poder de condicionar nossa maneira de ser. Mas de onde tiram tal poder? Não possuem armas à sua disposição, não têm combustível para manter uma fornalha nem pedras para nos apedrejar. Sendo apenas construções da mente, deveriam ser incapazes de nos prejudicar.

Deixemos nossa mente observar-se a si mesma. Pensamentos surgem. A mente existe, de uma maneira ou de outra, já que a vivenciamos. Fora isso, o que podemos dizer? Examinemos nossa mente e os pensamentos que nela se manifestam. Seria possível atribuir-lhes características concretas? Têm eles uma localização? Não. Uma cor? Uma forma? Quanto mais se procura menos se encontra. Constatamos certamente que a mente possui uma faculdade de conhecer, mas nenhuma característica intrínseca e real. É nesse sentido que o budismo define a mente como uma continuidade de experiências: ela não é uma entidade distinta, é "vazia de existência própria". Não tendo encontrado nada que possa constituir uma substância, permaneçamos alguns instantes nesse "inencontrável".

Quando um pensamento surge, deixemos que apareça e se desfaça por si mesmo, sem obstruí-lo nem prolongá-lo. Durante esse breve lapso de tempo em que nossa mente não está cheia de pensamentos discursivos, contemplemos a natureza. Nesse intervalo em que os pensamentos passados cessaram e os pensamentos futuros ainda não se manifestaram, não se percebe uma consciência pura e luminosa? Permaneçamos alguns instantes nesse estado de simplicidade natural, livre de conceitos.

À medida que nos familiarizamos com a natureza da mente e que aprendemos a deixar os pensamentos se desfazerem logo que surgem – como uma carta escrita com o dedo na superfície da água –, progredimos mais facilmente no caminho da liberdade interior. Os pensamentos automáticos não terão mais o poder de perpetuar nossa confusão e reforçar nossas tendências habituais. Deformaremos cada vez menos a realidade e os próprios mecanismos do sofrimento acabarão por desaparecer.

Dispomos dos recursos interiores que nos permitem criar emoções; nosso sentimento de insegurança dará lugar à liberdade e à confiança. Cessaremos de nos preocupar exclusivamente com nossas esperanças e temores, e estaremos disponíveis para todos que nos cercam, realizando assim o bem do outro ao mesmo tempo que o nosso.

Fontes de inspiração

> "As lembranças do passado que surgem na mente cessaram definitivamente. Os pensamentos que dizem respeito ao futuro não têm ainda a menor realidade. A mente que permanece no presente é impossível de ser definida: é desprovida de forma, de cor; como o espaço, é insubstancial e irreal. É possível, portanto, compreender que a mente é desprovida de toda existência sólida."
>
> *Atisha Dipamkara*

> "Quando um arco-íris aparece luminoso no céu, você pode contemplar suas belas cores, mas não pode pegá-lo e usá-lo como uma roupa. O arco-

íris nasce da conjunção de diferentes fatores, mas nada nele pode ser apreendido. O mesmo se dá com os pensamentos. Manifestam-se na mente, mas são desprovidos de realidade tangível ou de solidez intrínseca. Nenhuma razão lógica justifica, então, que os pensamentos – que são insubstanciais – disponham de tanto poder sobre a pessoa, não há nenhuma razão para que você se torne seu escravo.

A infinita sucessão de pensamentos passados, presentes e futuros nos leva a acreditar que existe alguma coisa que estaria ali de forma inerente e permanente. Mas, na verdade, os pensamentos passados estão tão mortos quanto os cadáveres, e os pensamentos futuros ainda não surgiram. Então, como essas duas categorias de pensamentos que não existem poderiam constituir uma entidade que seja existente? E como o pensamento presente poderia se apoiar em duas coisas inexistentes?

Contudo, a vacuidade dos pensamentos não é simplesmente um vazio, como se pode dizer do espaço. Há ali presença, uma consciência espontânea, uma clareza comparável àquela do sol que clareia as paisagens e permite ver as montanhas, os caminhos, os precipícios.

Ainda que a mente seja dotada dessa consciência intrínseca, afirmar que há uma mente é colar o rótulo de realidade sobre algo que não o é, é anunciar a existência de uma coisa que é apenas um nome dado a uma sucessão de acontecimentos. Podemos chamar de 'colar' o objeto feito de pedras enfiadas num fio, mas esse 'colar' não é uma entidade dotada de existência intrínseca. Quando o fio arrebenta, onde está o colar?"[28]

Dilgo Khyentsé Rinpotché

"Pouco a pouco, eu começava a reconhecer a fragilidade e o caráter efêmero dos pensamentos e das emoções que me haviam perturbado durante anos, e compreendia como, fixando-me nos pequenos aborrecimentos, eu os havia transformado em enormes problemas. Pelo simples fato de ficar assentado observando a que velocidade e, sob muitos aspectos, com que ilogismo meus pensamentos e minhas emoções iam e vinham, comecei a ver diretamente que eles não eram tão sólidos e reais quanto pareciam. Depois, logo que comecei a abandonar minha crença na história que eles pareciam me contar, percebi, pouco a pouco, o 'autor' que se escondia por trás deles: a consciência infinitamente vasta, infinitamente aberta, que é a própria natureza da mente.

Toda tentativa de descrever com palavras a experiência direta da natureza da mente é destinada

28. Dilgo Khyentsé Rinpotché, *Au cúur de la compassion*, Editions Padmakara, 2008.

ao fracasso. Tudo o que se pode dizer é que se trata de uma experiência infinitamente pacífica e, uma vez estabilizada por uma prática constante, é quase inabalável. É uma experiência de bem-estar absoluto que impregna todos os estados físicos e mentais, até mesmo aqueles que são normalmente considerados desagradáveis. Esse sentimento de bem-estar, independente das flutuações das sensações vindas do interior ou do exterior, é uma das maneiras mais claras de compreender o que o budismo entende por 'felicidade'."

Yongey Mingyour Rinpotché

"A natureza da mente é comparável ao oceano, ao céu. O incessante movimento das ondas na superfície do oceano nos impede de ver as profundezas. Se mergulharmos, não há mais ondas, é a imensa serenidade do fundo... A natureza do oceano é imutável.

Olhemos o céu. Ele está, às vezes, claro e límpido. Outras vezes, nuvens se acumulam, modificando a percepção que temos dele. Entretanto, as nuvens não mudaram a natureza do céu. [...] A mente não é nada, a não ser natureza totalmente livre... Permaneçamos na simplicidade natural da mente que transcende a todo conceito."

Pema Wangyal Rinpotché

DEDICAR OS FRUTOS DE NOSSOS ESFORÇOS

No fim de uma sessão de meditação e antes de retomar o curso de nossas atividades, é importante fazer uma ponte entre nossa prática e a vida cotidiana para que os frutos dessa prática se perpetuem e continuem a alimentar nossa transformação interior.

Se interrompermos bruscamente a meditação para retomar nossas atividades como se nada tivesse acontecido, a prática da meditação terá um efeito reduzido sobre nossa existência, e seus benefícios serão tão efêmeros quanto flocos de neve caindo numa pedra quente.

Uma maneira de assegurar a continuidade dos benefícios da meditação consiste em *dedicá-los* por meio de uma profunda aspiração, cuja energia positiva se perpetuará até que seu objetivo se realize, como um floco de neve que cai e se dissolve no oceano, e durará tanto quanto o próprio oceano.

Para tal, formulemos este desejo: "Que a energia positiva nascida não somente dessa meditação mas de todos os meus atos, palavras e bons pensamentos, passados, presentes e futuros, possa contribuir para aliviar os sofrimentos dos seres, a curto e a longo prazo". Desejemos do fundo do coração que, pelo poder do que fizemos, as guerras, a fome, as injustiças e todos os sofrimentos causados pela pobreza e pelas doenças físicas ou mentais encontrem a paz.

Pensemos que essa dedicação dos benefícios de nossos atos não é como a divisão de um bolo entre mil pessoas das quais algumas recolheriam apenas migalhas, mas que cada um dos seres receberia o total.

Desejemos igualmente que todos os seres encontrem a felicidade, ao mesmo tempo temporária e derradeira. "Que a ignorância, o ódio, a avidez e outras perturbações possam ser erradicados de sua mente, e que possam atingir a plenitude das qualidades humanas, assim como o supremo Despertar."

Que essa dedicação seja um selo indispensável a toda prática espiritual e permita que a energia construtiva proveniente de nossa meditação e de todos os nossos atos positivos se perpetue.

UNIR MEDITAÇÃO À VIDA COTIDIANA

A meditação é um processo de formação e de transformação. Para ter sentido, ela deve se refletir em cada aspecto de nossa maneira de ser, em cada uma de nossas ações e atitudes. Se assim não for, será perda de tempo. Devemos, então, perseverar com sinceridade, vigilância e determinação, e verificar que, com o passar do tempo, mudanças reais acontecem em nós. Alguns afirmam que todas as atividades de sua vida são uma meditação. Se é inegável que o objetivo do treinamento da mente é nos tornar capazes de manter uma certa maneira de ser em todas as nossas atividades, declarar simplesmente que a vida é uma meditação parece ser um pouco prematuro. O turbilhão da vida cotidiana raramente nos dá a oportunidade de adquirir a força e a estabilidade necessárias à prática meditativa.

É por essa razão que é importante dedicar tempo à própria meditação, ainda que sejam trinta minutos por dia ou mais, se possível. Realizada pela manhã, quando se levanta, a meditação dará um outro "perfume" ao nosso dia. Seus efeitos impregnarão, de maneira discreta mas profunda, nossas atitudes e a maneira pela qual conduzimos nossas atividades e interagimos com aqueles que nos cercam. Durante o resto do dia, imbuídos da experiência adquirida, poderemos nos referir interiormente à meditação formal que estará ainda viva em nossa mente. Quando tivermos alguns momentos de descanso, será mais fácil mergulhar novamente numa qualidade de ser que se tornou familiar e manter a continuidade de seus efeitos benéficos. Essa prática é totalmente compatível com a vida ativa, profissional e familiar.

Esses efeitos nos permitirão situar os acontecimentos de nossa existência numa perspectiva mais ampla, e viver com mais serenidade sem, contudo, cair na indiferença, aceitar o que vier sem no entanto ser resignado e construir o futuro escorando-o numa motivação altruísta e confiante. É assim que, pouco a pouco, graças ao treinamento da mente, poderemos mudar nossa maneira de ser habitual. Teremos uma compreensão mais justa da realidade e, por isso mesmo, não ficaremos chocados quando mudanças brutais acontecerem em nossa existência, nem envaidecidos com nossos sucessos superficiais. Esses são os sinais de uma transformação pessoal autêntica que nos permitirá agir melhor no mundo em que vivemos e contribuir para a construção de uma sociedade mais sábia e altruísta.

ELEMENTOS DE BIBLIOGRAFIA

ALAN, Wallace B. *The Attention Revolution, Unlocking the Power of the Focused Mind*. Wisdom Publications: Boston, 2006.

______. *Science et bouddhisme: à chacun sa réalité*. Calmann--Lévy, 1998.

DALAI LAMA. *Comme un éclair déchire la nuit*. Albin Michel, 1999.

GUNARATNA, Bhante Henepola. *Méditer au quotidien; une pratique simple du bouddhisme*. Marabout, 2007.

HANH, Thich Nhat. *Le Miracle de la pleine conscience*. L'Espace bleu, 1996.

KONGTRUL, Dzigar. *Le bonheur est entre vos mains: Petit guide du bouddhisme à l'usage de tous*. NiL éditions, 2007.

MATTHIEU, Ricard. *Plaidoyer pour le bonheur*. NiL éditions, 2004.

MATTHIEU, Ricard & JEAN-FRANÇOIS, Revel. *Le Moine et le Philosophe*. NiL éditions, 1997.

PALDEN, Khenpo Kunzang. *Perles d'ambroisie*. Editions Padmakara, 3 vol., 2008.

RINPOTCHÉ, Bokar. *La Méditation, conseils aux débutants*. trad. Tcheuky Sengué. Editions Claire Lumière, 1999.

RINPOTCHÉ, Dilgo Khyentsé. *Au cúur de la compassion*. Editions Padmakara, 2008.

______. *Les Cent Conseils de Padampa Sanguié*. Editions Padmakara, 2007.

______. *Le Trésor du cúur des êtres éveillés*. Points Sagesse, Le Seuil, 1997.

RINPOTCHÉ, Dudjom. *Petites instructions essentielles*. Editions Padmakara, 2002.

RINPOTCHÉ, Patrul. *Le Chemin de la grande perfection*. 2ª ed. Editions Padmakara, 1997.

RINPOTCHÉ, Ringu Tulku. *Et si vous m'expliquiez le bouddhisme?*. NiL éditions, 2001.

RINPOTCHÉ, Sogyal. *Le Livre tibétain de la vie et de la mort*. Ed. rev. e aum. LGF, 2005.

RINPOTCHÉ, Yongey Mingyour. *Bonheur de la méditation*. Fayard, 2007.

SHANTIDÉVA. *L'Entrée dans la pratique des bodhisattvas*. Editions Padmakara, 2007.

WANGYAL, Tulkou Pema. *Bodhicitta: l'esprit d'Eveil*. Editions Padmakara, 1997.

______. *Diamants de sagesse*. Editions Padmakara, 1997.

AGRADECIMENTOS

Agradeço profundamente a todos que tornaram possível a existência deste livro.

Inútil dizer que devo tudo o que ele contém de justo à benevolência e à sabedoria de meus mestres espirituais, principalmente Kyapjé Kangyur Rinpotché, Dilgo Khyentsé Rinpotché e Jigmé Khyentsé Rinpotché, assim como a Sua Santidade o Dalai Lama, que, segundo os mestres que citei, é o mestre budista tibetano mais completo de nosso tempo.

Agradeço a todos aqueles que me motivaram a reunir essas instruções sobre a meditação, desejosos de aprender a meditar. Sem eles, não teria tido a ideia de compor este pequeno tratado.

Agradeço a minha amiga e fiel editora Nicole Lattès, que sempre me encorajou a prosseguir com meus esforços, apesar de minha falta de talento natural para a literatura.

Sou muito agradecido a todos os amigos que tiveram a bondade e a paciência de ler este texto, aperfeiçoando-o quanto ao conteúdo e à forma com suas sugestões pertinentes: Christian

Bruyat, Carisse e Gerard Busquet, minha querida mãe, Yahne Le Toumelin, Raphaele Demandre, Gerard Godet, Christophe André e Michel Bitbol.

Obrigado às minhas amigas da Editora NIL e Laffont, Françoise Delivet, que assegurou a formatação final do texto e ajudou-me a esclarecer numerosos pontos, Christine Morin e Catherine Bourgey, que sempre me auxiliaram e acompanharam com gentileza e competência, assim como a Joel Renaudar, por ter feito a bonita maquete do livro.

Este livro, composto na fonte Fairfield e
paginado por Vanessa Sawada, foi impresso em
pólen soft 80g na gráfica Imprensa da Fé.
São Paulo, Brasil, verão de 2010.